Elisabeth Beck

Mit der Schwerkraft spielen

Jonglieren als aktive Pause und als lebendiges Modell des Lernens in Training und Weiterbildung

Elisabeth Beck

Mit der Schwerkraft spielen

Jonglieren als aktive Pause und als lebendiges Modell des Lernens in Training und Weiterbildung

Abbildungen: Albrecht Beck

Junfermann Verlag · Paderborn
2002

Abbildungen: Albrecht Beck
Covergestaltung: Heike Carstensen

Satz: JUNFERMANN Druck & Service, Paderborn

Die Deutsche Bibliothek – CIP-Einheitsaufnahme
Beck, Elisabeth:
Mit der Schwerkraft spielen: Jonglieren als aktive Pause und als lebendiges Modell des Lernens in Training und Weiterbildung / Elisabeth Beck. – Paderborn: Junfermann, 2002.
ISBN 3-87387-495-4

ISBN 3-87387-495-4

Inhalt

Einleitung 9

1. Jonglieren gestern und heute 11

2. Was jonglieren bewirkt 13

3. Tücherjonglage 29

4. Grundlagen der Balljonglage 35
4.1 Jonglierbälle . . . .
4.2 Die Dreiball-Kaskade 37
4.3 Mit mentalem Training zum fortlaufenden Jonglieren – die Feuerwerk-Strategie 43
4.4 Die Rhythmusstrategie des Jonglierens 44
4.5 Zwei Bälle in einer Hand 46

5. Balljonglage im Seminar 49
5.1 Die Dreiball-Kaskade als Metapher zum Anfassen 49
5.2 Die Kaskade lehren 51

6. Dreiballvariationen 55
6.1 Three Four Two (3 4 2) 57
6.2 Säulen 58
6.3 Der Mitläufer 59
6.4 Jojo 60
6.5 Überhandwürfe 61
6.6 Der Halbshower 62
6.7 Tennis 63
6.8 Die Außenkaskade 64
6.9 Die Mühle 65
6.10 Jonglieren mit überkreuzten Händen 66
6.11 Der Kniewurf 67

6.12 Der Wurf über die Schulter 68
6.13 Fingerstop 69
6.14 Nackenstop 70
6.15 Shower 71

7. Vierballjonglage 73
7.1 Die Fontäne 74

8. Multiplex und ganzheitliches Lernen 77
8.1 Dreiball-Multiplex 78
8.2. Vierball-Multiplex 80
8.3 Fortlaufender Multiplex mit fünf Bällen 81
8.4 Multiplex als Modell 82

9. Zugabe: Meisterhafte Balljonglage – Die Fünfball-Kaskade . 87

10. Finale 93

Danksagung 95

Anmerkungen / Literatur 96

Sachwortregister 97

Mit dem Angenehmen, mit dem Guten,
mit dem Vollkommenen ist es dem Menschen nur ernst,
aber mit der Schönheit spielt er ...
Der Mensch soll mit der Schönheit spielen.
Denn, um es endlich auf einmal herauszusagen,
der Mensch spielt nur,
wo er in voller Bedeutung des Wortes Mensch ist,
und er ist nur da ganz Mensch, wo er spielt.

Friedrich Schiller

Ein paar Worte zuvor

Ich bitte meine Leserinnen, mir nachzusehen, dass ich um der Flüssigkeit der Sprache willen meist nur männliche Formen benutze. Dies gilt besonders für das Wort „Jongleur". Frauen spielten in der Jonglierkunst immer eine große Rolle. Eine jonglierende Frau wird bis heute „Jongleuse" genannt, ein Ausdruck, mit dem ich mich nie anfreunden konnte.

Einleitung

Jonglieren, das faszinierende Spiel mit der Schwerkraft, hat längst in Seminare, Trainings- und Weiterbildungsveranstaltungen aller Art Einzug gehalten. Bunte Jonglierbälle und Tücher gehören heute schon fast zur Grundausstattung eines Trainers.

Daß der allgemeine Jonglierboom gerade auf diesen Bereich übergegriffen hat, hat eine Menge guter Gründe: Trainer und Seminarleiter wissen um die Effizienz der lebendigen Vermittlung von Wissen und Fähigkeiten. Sie verfügen über ein großes Repertoire an Kontakt- und Bewegungsspielen, Entspannungsübungen und Phantasiereisen, Übungen zur Selbsterfahrung und zur Gestaltung von Gruppenprozessen.

Jonglieren ist Meditation und Gehirnjogging in einem. Es entspannt schnell und nachhaltig angestrengte Augen, regt den Kreislauf an und löst durch die abwechselnde rhythmische Stimulation der beiden Gehirnhälften einen Zustand hellwacher und dabei völlig entspannter Konzentration aus. Der heute vielzitierte „Flow" kann auf eindrucksvolle und intensive Weise erlebt werden.

Jonglieren ist Spiel und Spaß. Es macht müde Seminarteilnehmer munter und sorgt für gute Stimmung in der Gruppe. Darüber hinaus können Jonglierübungen Wege und Möglichkeiten des Lernens und der Persönlichkeitsentwicklung transparent machen und so zu einer lebendigen, erlebbaren Metapher werden. Sie helfen, Grenzen zu überschreiten, eingefahrene Denkwege zu verlassen und machen offen für Neues.

Und das ist noch längst nicht alles. Wenn es darum geht, neue Wege zu erforschen, Ziele zu erreichen, Fähigkeiten zu entdecken und weiterzuentwickeln oder Probleme kreativ zu lösen, finden es viele Menschen hilfreich, die gewohnte Umgebung zu verlassen - Seminare in exotischen Ländern sind nicht von ungefähr so beliebt. Sie können Ihr Seminar nicht auf Hawaii, in Indien oder Tunesien, nicht einmal auf Kreta abhalten? Hier ist eine Alternative für Sie, preiswert und erprobt: Laden Sie Ihre Teilnehmer zu einer Reise in das Reich des Gauklers ein. Entführen Sie sie in die Welt der Artistik. Exotisch genug ist sie allemal!

Bei allem, was die Jonglage im Seminar- und Weiterbildungsbereich zu bieten hat, mag es auf den ersten Blick verwunderlich sein, daß sie in vielen Fällen nicht mit anhaltendem Erfolg und gleichbleibender Begeisterung eingesetzt wird. Oft läßt die Jongliereuphorie nämlich schnell wieder nach. Das Standard-Jongliermuster Dreiball-Kaskade wird für Trainer und Trainees schnell langweilig. Der anhaltende Jonglierboom bringt es mit sich, daß viele Seminarteilnehmer die Kaskade längst beherrschen. Für sie bieten Gruppenjonglierübungen keine Herausforderung und nichts Neues. Auch der Überraschungseffekt der in einen Vortrag eingebauten Jonglage bleibt aus. Zudem kann es in jeder Gruppe Menschen geben, denen das Jonglieren keineswegs hilft, „Ich-kann-nicht"-Ideen loszulassen. In manchen Fällen mag sogar die Gefahr bestehen, daß diese verstärkt werden.

Hier kann Abhilfe geschaffen werden.

Unser kleines Jonglierseminar soll Ihnen zeigen,
- ➜ wie Sie mit viel Spaß die Grundbegriffe der Jonglage erlernen und/oder wie Sie Ihr eigenes Repertoire an Jongliertricks erweitern. (So haben Sie selbst andauernde Freude an diesem liebenswerten Hobby und kommen in den vollen Genuß seiner - oft verblüffenden – Auswirkungen),
- ➜ welche Jongliermuster Sie fortgeschrittenen Jongleuren anbieten können und welche Tricks sich besonders gut dafür eignen, parallel zu den Kaskadenübungen der Anfänger erarbeitet zu werden,
- ➜ wie Sie die Lernenden so unterstützen können, daß der Lernprozeß nicht nur erfolgreich ist, sondern auch zu einem lustvollen Erlebnis wird,
- ➜ wie Sie Teilnehmer, die sich für ungeschickt halten oder blockiert sind, zu Erfolgserlebnissen führen.

Bevor Sie aber zu Bällen, Tüchern, Keulen oder Ringen greifen, noch eine explizite Warnung: Dieses Buch wurde in erster Linie geschrieben, um einem ohnehin schon grassierenden Virus zu noch weiterer Ausbreitung zu verhelfen. Es handelt sich um jenen Erreger, der das in vielen Fällen unheilbare Jonglierfieber auslöst. Davon Befallene zeigen neben Verhaltensauffälligkeiten wie, an allen möglichen und unmöglichen Orten Wurfgegenstände aus irgendwelchen Taschen zu ziehen, um sie durch die Luft zu wirbeln, auch weitere Symptome. In den meisten Fällen tritt spontanes und sinnloses Sich-Wohlfühlen sowie Spaß, gepaart mit Lebensfreude, auf. Zudem besteht ein erhöhtes Suchtrisiko. Ich gebe zu, selbst betroffen zu sein. Wie die meisten vom Jonglierfieber Erfaßten verspüre ich einen unwiderstehlichen Drang, andere anzustecken. Zu weiteren Risiken und Nebenwirkungen lesen Sie bitte das Kapitel 2: *Was jonglieren bewirkt* und fragen Sie einen Jongleur!

1. Jonglieren gestern und heute

Jonglieren ist eine uralte Kunst. Als Jongleur wird in der Regel jemand bezeichnet, der mehr Gegenstände wirft und fängt als er oder sie Hände hat. Das heißt also mindestens drei. Ausnahmen bestätigen die Regel. „Contact Juggling“ ist die Manipulation eines Balles – ausnahmsweise auch zweier oder dreier Bälle – unter ständiger Beibehaltung des Kontaktes zum Körper. Auch Geschicklichkeitskünste, die aus China zu uns gekommen sind, wie das Spiel mit dem Diabolo oder dem Devil Stick werden dem Jonglieren zugeordnet.

Das Wort Jongleur stammt von der lateinischen Bezeichnung „joculator“ (Spaßmacher) ab, die im Mittelalter ein Sammelbegriff für alle Fahrenden, in erster Linie die Bänkelsänger, war.

Die Geschichte des Jonglierens reicht weit zurück. Eines der ältesten Dokumente dieser Kunst ist ein Relief aus den Grabgrotten von Ben Hassan in Ägypten. Es dürfte aus der Zeit um 2040 v. Chr. stammen und zeigt Akrobatinnen und mit Bällen jonglierende Frauen.

Karl-Heinz Ziethen berichtet in einem Abriß der Jonglier-Geschichte über die Römerzeit: „Wie beliebt das Fangspiel im gesamten Volk war, geht beispielsweise daraus hervor, daß der römische Offizier Sidonius Apollinaris, der in Gallien eine Legion führte, ständig Bälle bei sich trug, die ihm zur eigenen Belustigung, aber auch zur Unterhaltung der Freunde und Legionäre dienten ...“

Ziethen erwähnt auch die Briefe Alciphrons. In diesen wird von einer kleinen Ionerin berichtet, die „Bälle wirft und Fackeln herumwirbelt.“[1]

Erst nach dem Untergang des Römischen Reiches begann die Verachtung und sogar Verfolgung der Fahrenden. Von Jongleuren nahm man an, sie seien mit dem Teufel im Bund. Schließlich mußten sie ja über magische Kräfte verfügen, um ein solches Schauspiel zu bieten! Dennoch hielten sich die Gaukler, auch im Mittelalter. In dieser Zeit war das kunstvolle Spiel mit Waffen besonders beliebt – und dieses galt sogar für den Adel als ehrenwerte Beschäftigung.

Erst gegen Ende des neunzehnten Jahrhunderts wurde die Jonglage zu einem selbständigen Genre der Artistik und hat sich seitdem in den unterschiedlichsten Formen entwickelt. Der wohl berühmteste unter allen Jongleuren war Enrico Rastelli (1896 – 1931). Er war damals das, was man heute als Superstar bezeichnen würde. Die spielerische Leichtigkeit seiner extrem schwierigen Darbietungen und seine faszinierende Ausstrahlung ließen die Zuschauer erkennen, wie das Spiel mit der Schwerkraft durch die Kreativität, Unverwechselbarkeit und die Persönlichkeit des Artisten zur Kunst erhoben wird.

Das Jonglieren spielt in vielen außereuropäischen Kulturen, wie etwa der chinesischen, eine wichtige Rolle. Besonders beeindruckend fand ich es, etwas über die Jongliertraditionen der Pazifikinseln zu erfahren[2] sowie über die Rolle der Jongleure in Japan[3].

So war etwa auf Tonga das Jonglieren immer eine weibliche Domäne, eine Art Volkssport der Mädchen und wurde eine Zeitlang sogar in den Schulen unterrichtet. Jongliert wurde mit runden Früchten und das Spiel wurde von Gesang begleitet. Zahlreiche Sagen und Mythen ranken sich um die Jonglierkunst. Die Mädchen sollen früher auch um große Zeremonienschalen stehend jongliert haben, während sie die Namen besonders begehrter Junggesellen ausfragten. Man glaubte, daß die beste Jongleurin die größte Chance habe, den Auserwählten für sich zu gewinnen.

Die traditionellen Jongleure in Japan wurden „Dai Kagu Ra“ genannt. Das bedeutet: der große Gott des Spaßes. Jongleure waren hochangesehene Bürger. In einer fünfjährigen Lehrzeit wurde der Nachwuchs mit der Technik sowie mit der Bedeutung der Requisiten vertraut gemacht. So bedeutete z. B. der Jonglierring Reichtum. Der sich drehende Schirm symbolisiert das Finden von Lösungen durch Denken. Balancen standen für „ein starkes Haus“. Jongleure wurden zu Hochzeiten, Geburten und anderen wichtigen Ereignissen eingeladen, um Glück zu bringen.

In der heutigen Zeit ist das Jonglieren, vor allem in Amerika und Europa zu einem wahren Boom geworden. Mehrere hundert Teilnehmer bei Jongliertreffen, sogenannten Conventions, sind die Regel. Kids jonglieren, Manager jonglieren. Sportstudenten lernen jonglieren an der Universität. Therapeuten jonglieren mit ihren Klienten, Lehrer mit ihren Schülern.

Jonglieren entwickelt sich zu einem fröhlichen, Alt und Jung verbindenden Volkssport und ist doch geblieben, was es immer war: eine besonders liebenswerte Kunst und eine Form der Artistik mit mehr Tiefgang, als wir vielleicht auf den ersten Blick ahnen.

2. Was jonglieren bewirkt

Fragt man jonglierende Menschen: „Wozu sollte ich jonglieren lernen, was habe ich eigentlich davon?“, können wir auf zwei scheinbar gegensätzliche Grundeinstellungen treffen. Die einen werden eine lange Liste von erstaunlichen Effekten aufzählen, während die anderen meinen, Jonglieren sei ein Spiel oder auch eine spielerische Kunstform und somit Selbstzweck. Jonglieren mache eben Spaß und das sei Grund genug, es zu tun. Wir werden später versuchen, beide Ideen zusammenzubringen und der Frage nachgehen, inwieweit die Wirkungen der Jonglage in Wechselbeziehung zu ihrem Spielcharakter stehen.

Wenden wir uns zunächst den hilfreichen, gesundheitsfördernden, oft sogar heilenden Auswirkungen des Jongliertrainings zu. Diese sind innerhalb der beiden letzten Jahrzehnte immer mehr ins Zentrum der Aufmerksamkeit von Pädagogen und Therapeuten gerückt.

Im pädagogischen Bereich wird Jonglieren als spannende und fröhliche Bewegungsübung mit „Nebenwirkungen“ eingesetzt:

- ➜ Konzentrationsvermögen und Ausdauer werden gesteigert,
- ➜ körperliche und geistige Flexibilität werden trainiert,
- ➜ Grob- und Feinmotorik werden verbessert,
- ➜ das Rhythmusgefühl wird geschult.

Jonglieren kann ...

- ➜ ... den Bewegungsdrang hypermotorischer Kinder kanalisieren,
- ➜ ... die Freude an der Bewegung bei ängstlichen oder übergewichtigen Kindern wecken,
- ➜ ... einen konstruktiven Umgang mit Fehlern vermitteln,
- ➜ ... die Kreativität anregen,
- ➜ ... das Lernen lehren,
- ➜ ... die allgemeine Lernmotivation erhöhen und das Selbstvertrauen stärken.

Die Möglichkeit, Jonglierübungen im Rahmen von Therapie anzuwenden, wird – trotz der langen Geschichte der Jonglierkunst – erst in unserer Zeit ausgelotet und erforscht. Im deutschsprachigen Raum hat zum Interesse an diesem Thema der „Vater der Psychomotorik“, Prof. Dr. Ernst J. Kiphard entscheidend beigetragen. Er war früher Trapezartist und Clown. Heute ist er (inzwischen emeritierter) Universitätsprofessor und eine anerkannte Kapazität auf dem Gebiet der Motologie (Bewegungslehre). Seine Abhandlung „*Jonglieren kann heilen*“[4] ist so etwas wie ein Standardartikel für den Bereich des therapeutischen Jonglierens. Er berichtet darin über Erfolge des Jongliertrainings als unterstützende Maßnahme in der Therapie von Suchtkranken, über erstaunliche Ergebnisse des therapeutischen Jonglierens bei Seh- und Augenbewegungsstörungen und bei Legasthenie. Auch bei Hirnschädigungen, z.B. durch Schlaganfälle oder nach Unfällen, zeigt das Spiel mit Tüchern und Bällen erstaunliche Erfolge. In einzelnen Fällen gelingt es Patienten mit Halbseitenlähmungen, nach entsprechend langem Training den behinderten Arm wieder mit einzusetzen. Dabei wird mit der Partnerjonglage gearbeitet, die Sie im Kapitel 6: *Dreiballvariationen* finden, und zunächst die gesunde Seite trainiert.

Zudem wird therapeutisches Jonglieren in der Arbeit mit geistig Behinderten, in der Rehabilitation und bei psychischen Erkrankungen angewandt, in jüngster Zeit auch bei pubertären Eßstörungen und – last but not least – selbstverständlich bei Lern- und Aufmerksamkeitsstörungen.

Welche Effekte können Sie für sich selbst vom Jongliertraining erwarten?

Sie werden bei Ihren Übungen feststellen, daß Sie innerhalb weniger Minuten vollkommen entspannt und dabei hellwach, frisch und konzentriert sind. Der Streß hat keine Chance mehr. Sollten Sie zuvor mit Problemen beschäftigt gewesen sein, haben Sie nach dem Training genau den Abstand, der die Suche nach konstruktiven Lösungen erst möglich macht. Bereits nach wenigen Minuten werden Ihre Augen wunderbar entspannt sein. Wenn Sie viel am Schreibtisch oder sogar am Computer arbeiten, sind Jonglierpausen geradezu ideal. Falls Sie regelmäßig üben, können Sie vielleicht sogar Ihre Brille entsorgen.

Sehen wir uns einmal genauer an, welche Wirkfaktoren hinter all diesen bemerkenswerten Ergebnissen stecken.

2.1 Der gesamtphysiologische Zustand des Jongleurs

Wir alle wissen, daß das, was in unserer inneren Welt vorgeht, sich in unserer gesamten Physiologie ausdrückt. Keine Frage, daß ein niedergeschlagener oder gar depressiver Mensch anders aussieht als einer, der glücklich ist! Die Haltung eines müden oder bedrückten Menschen wird eher schlaff sein, die Atmung flach. Der Blick ist häufig nach unten gerichtet und defokussiert. Wenn jemand sich fröhlich, stark und rundherum gut fühlt, zeigt sich das in der Regel durch eine aufgerichtete Haltung und den lebhaften, wachen, erhobenen Blick. Die Atmung ist tief und ruhig.
Über den Sinn oder Unsinn übertriebener Interpretationen körpersprachlicher Signale mag man streiten. Fest steht, daß es bestimmte physiologische Muster gibt, die allen Menschen gemeinsam sind. Das Wunderbare an dieser untrennbaren Verbindung zwischen innerer und äußerer Welt ist: Wir können das Pferd auch getrost beim Schwanz aufzäumen!

Beobachten Sie doch bei Ihren Jonglierübungen einfach einmal, was passiert: Sie richten sich automatisch auf. Sie müssen nach oben sehen, um die Jonglage aufrechtzuerhalten. Der Blick wird lebendig und klar. Der Kreislauf wird angeregt, die Atmung intensiviert: Sie werden gar nicht anders können, als sich gut zu fühlen, wenn Sie die zu dem positiven Lebensgefühl gehörige Physiologie herstellen und über einen gewissen Zeitraum aufrechterhalten.

2.2 Der Rhythmus

Über die beschriebene „Wohlfühl-Physiologie“ hinaus unterstützt die rhythmische Bewegung das gute Gefühl. Musikpsychologen haben die wohltuende Wirkung eines gleichbleibenden Rhythmus untersucht. Sie wird darauf zurückgeführt, daß Rhythmus eine der ersten Wahrnehmungen des Menschen ist, indem er den Herzschlag der Mutter hört. So verbindet sich das gleichmäßige Pochen mit dem Zustand von Geborgenheit und Sicherheit im Mutterleib.

Bereits in den ersten Lernstadien, die noch als etwas mühsam erlebt werden können, noch weit entfernt von der Euphorie des „Jonglier-Flow“, werden Sie feststellen: Sie fühlen sich gut und erholt. Der Kopf ist wieder frei und aufnahmebereit.

Tricks, die noch nicht perfekt beherrscht werden, sind sogar ein besonders wirksames Anti-Stress-Training. Beim Erlernen neuer Muster wird die gesamte Konzentration auf die Bälle gelenkt. Das, was den Stress verursacht hat, kann so nicht in unseren Gedanken und Gefühlen weiterspinnen. Ist der „Gedankenkreisel“ erst einmal unterbrochen, können wir mit frisch aufgeladenen Batterien zur ursprünglichen Situation zurückkehren und sie aus einer anderen Perspektive betrachten.

3. Augenbewegungen und der „weiche Blick"

Augengymnastik ist hochwirksam. Das ist nicht nur eine Erkenntnis der Alternativmedizin. Auch von Schulmedizinern wird Kindern mit Sehfehlern – speziell bei Schielen oder Astigmatismus – bereits seit Jahrzehnten Augentraining in sogenannten Sehschulen verschrieben. Die „Verfolgungsübungen", die dabei mit Hilfe von Apparaten durchgeführt werden, entsprechen genau den Augenbewegungen des Jongleurs. Auch er verfolgt ja mit seinem Blick Gegenstände, die sich schnell bewegen.

Den Artikel *„Jonglieren kann heilen"* von E.J. Kiphard habe ich bereits erwähnt. Er berichtet darin unter anderem von einem Jungen, dessen Augen beim Lesen in unfreiwilligen Sprüngen von links nach rechts hüpften. Der Blick hakte sich regelrecht an einzelnen Buchstaben fest. Dadurch war es ihm nicht möglich, den Rest des jeweiligen Wortes zu erfassen. Als er auf den Rat eines Onkels zu jonglieren begann und mit großer Leidenschaft und Begeisterung übte, verschwanden seine Augenprobleme. In der Schule entwickelte er sich zu einem der Besten im Fach Lesen, und heute ist er ein erfolgreicher professioneller Jongleur.

Wir wissen, daß der Sehvorgang mit dem exakten Zusammenspiel der Augenmuskeln zusammenhängt. Da Muskeln trainierbar sind, werden Heilungen wie diese erklärbar. Faszinierend bleiben sie dennoch.

Mir selbst machte seit meinem sechsten Lebensjahr ein ungewöhnliches Augenproblem zu schaffen, das sich laufend verschlimmerte und das erst viel später als schwere Winkelfehlsichtigkeit erkannt wurde: Die Augen brannten, als hätte jemand Sand hineingestreut. Beim Lesen und Arbeiten verschwamm manchmal alles vor meinen Augen zu Brei. Behandlungen blieben ohne Wirkung. Manchmal hatte ich Angst, eines Tages überhaupt nicht mehr sehen zu können. Zudem war ich kurzsichtig und bereits mit Ende Dreißig altersweitsichtig.

Ich hatte als Kind ein wenig jongliert. Als ich beschloß, es nach vielen Jahren wieder mit dem Jonglieren zu versuchen, wußte ich nichts vom inzwischen ausgebrochenen Jonglierboom, schon gar nicht von den therapeutischen Möglichkeiten. Ich wollte es also nicht wegen, sondern trotz meiner schlechten Augen probieren.

Bereits nach der ersten Übungsstunde stellte ich mit großer Überraschung fest, daß das Augenbrennen vollkommen verschwunden war. Nach einiger Zeit fiel mir auf, daß ich jedes Mal nach dem Training sowohl in die Ferne scharf sehen konnte als auch imstande war, ohne Brille zu lesen.

Heute, nach über vier Jonglierjahren, sind die Beschwerden vollständig verschwunden. Eine Brille benutze ich nur noch zum Autofahren. Die Kurzsichtigkeit ist nicht vollkommen weg, hat sich aber stark gebessert. Die Weitsichtigkeit hat sich schrittweise zurückentwickelt. Inzwischen lese ich mühelos ohne Brille – sogar das berühmte Kleingedruckte.

Zum Thema *Augengymnastik* sind viele Bücher auf dem Markt. Zum ganzheitlichen Sehtraining gehören neben den Übungen zur Stärkung der Augenmuskeln auch solche zur Entspannung der Augen, wie z.B. das Erlernen des weichen Blickes, des nicht-fokussierenden peripheren Sehens. Der weiche Blick, wie wir ihn vom Betrachten von 3-D-Bildern her kennen, stellt sich beim Jonglieren automatisch ein. Wenn Sie Erfahrung mit dem „Durchschauen" von Stereogrammen haben, ist Ihnen sicher aufgefallen, wie wohltuend und entspannend diese spezielle Einstellung der Augen ist.

Ab einem gewissen Stadium Ihrer Jonglierübungen werden Sie ohne bewußtes Zutun aufhören zu fokussieren: Plötzlich schauen Sie durch das Muster hindurch: Sie können nun z.B. drei Bälle jonglieren und dabei fernsehen oder jemandem in die Augen schauen.

Der weiche Blick ist übrigens auch die Grundlage des PhotoReadings, einer neuen Hochgeschwindigkeits-Lesemethode. Wer sie erlernt hat, ist imstande, ganze Seiten von Büchern mental zu „fotografieren". In einem weiteren Schritt wird das auf diese Weise Aufgenommene dem Bewußtsein zugänglich gemacht. Können lesen so etwa 25.000 Wörter pro Minute. In seinem Buch *„PhotoReading"* betrachtet Paul R. Scheele die „Soft Eyes" auch noch von einer anderen Seite: „ Mit dem Photo-Fokus verringern Sie Ihre Wahrnehmungsabwehr und eliminieren Einflüsse des bewußten Verstandes." Die physiologischen Vorgänge erklärt er so: „Die Retina unseres Auges kann in zwei Bereiche unterteilt werden. Einer ist die Fovea, die dicht mit Zäpfchenzellen vollgepackt ist. Diese bringen Bilder in engen Fokus ... Information, die durch die Fovea eintritt, wird von dem bewußten Verstand verarbeitet.

Wenn wir zur Peripherie der Retina kommen, dem zweiten Bereich, finden wir andere Zellen, die Stäbchen ... In dem Photo-Fokus-Zustand nutzen wir viel stärker das Stäbchen-Sehen als das Zäpfchen-Sehen. Die Peripherie unseres visuellen Feldes wird durch das innere Bewußtsein verarbeitet."[5]

Scheele berichtet über die Bedeutung des weichen Blickes in der Geschichte verschiedener Kulturen, so auch von Musashi, einem legendären Schwertkämpfer des 15. Jahrhunderts. Dieser beschrieb zwei Arten des Sehens: „Ken" nannte er die Betrachtung der oberflächlichen Erscheinungen und der äußeren Bewegungen, „Kan" das Sehen des Wesens der Dinge. Das periphere Kan-Sehen befähigte Krieger, bevorstehende Angriffe auszumachen, ehe sie stattgefunden hatten.

Es ist nicht anzunehmen, daß Sie in einem derartig kriegerischen Umfeld leben. Aber als Trainer, Seminarleiter oder Dozent kennen Sie die Bedeutung peripheren Sehens. Sie wissen, wie wichtig es ist, „alles im Blick" zu haben, während Ihre bewußte Aufmerksamkeit auf Ihren Vortrag, auf die Beantwortung einer Frage oder Ähnliches gerichtet ist.

In der Jonglage trainieren Sie übrigens nicht nur die Beweglichkeit Ihrer Augen durch das Verfolgen von Bällen und die Entspannung im weichen Blick, sondern zusätzlich den blitzartigen Wechsel zwischen beiden Arten des Sehens. Das ist vor allem bei den sogenannten Körperwürfen der Fall (siehe Kapitel 6: *Dreiballvariationen*), die ich als besonders wohltuend für die Augen empfinde. Meine Jonglierübungen beginne ich daher immer mit Mustern, die Körperwürfe beinhalten.

Formen des Augentrainings, die das Sehen als ganzheitlichen Prozeß betrachten, beziehen oft kinesiologische Übungen zum „Einschalten" beider Gehirnhälften mit ein. Diese Übungen entsprechen weitgehend bestimmten Jongliermustern. Sie sind sozusagen Jonglierübungen ohne Bälle. Mit den Funktionen des Gehirns beim Jonglieren werden wir uns noch eingehender befassen.

Wenn nun Augentraining so wirksam ist, wie kommt es, daß immer noch so viele Menschen Brillen tragen? Zum einen sind viele Fehlsichtige gar nicht über die Möglichkeit einer Verbesserung ihrer Sehkraft auf dem Weg des Trainings informiert. Zum anderen wird Augengymnastik oft als Mumpitz und ihr Erfolg als Einbildung abgetan – und das natürlich ohne vorherige Überprüfung der tatsächlichen Wirksamkeit. Gäbe es nämlich keine klinisch nachweisbaren positiven Ergebnisse, würden die Krankenkassen die Behandlung von Kindern mit Augenproblemen in den Sehschulen ganz bestimmt nicht bezahlen!

Das Hauptproblem des Seh- und Augentrainings scheint mir darin zu liegen, daß es ein hohes Maß an Konsequenz und damit an Disziplin und Willenskraft erfordert. Hier bietet die „Jonglier-Augengymnastik" echte Vorteile. Natürlich werden Sie ernsthafte Sehprobleme nicht von heute auf morgen „wegjonglieren". Sie werden regelmäßig mehrmals pro Woche trainieren müssen und vielleicht nur sehr allmähliche Fortschritte registrieren. Allerdings – als Hobby-Jongleur können Sie Tugenden wie Disziplin und Willenskraft getrost vergessen: Wenn das Jonglierfieber Sie einmal gepackt hat, wird man Sie kaum mehr bremsen können! Sie werden sich nicht zwingen müssen zu üben, um etwas für Ihr Sehvermögen (oder Ihre Konzentration oder Ihre gute Laune ...) zu tun. Sie werden jonglieren, weil es Spaß macht. Die Wirkungen stellen sich ganz nebenbei ein. Sie werden daher auch nicht versucht sein, die Flinte ins Korn zu werfen, wenn Sie nicht auf Anhieb deutliche Verbesserungen registrieren. Sie werden einfach jonglieren und eines Tages bemerken, daß Sie besser sehen.

Falls Sie bereits regelmäßig Übungen zur Verbesserung Ihrer Sehfähigkeit durchführen, können Sie diese durch das Jonglier-Spaß-Programm optimal ergänzen. Wenn Sie keine Augenprobleme haben, absolvieren Sie durch dieses Hobby automatisch ein Sehkraft-Erhaltungstraining.

Möglicherweise bewirken die Augenbewegungen beim Jonglieren noch viel mehr als das, was wir im Moment wissen. Das Folgende beruht auf Beobachtung. Es befindet sich noch im Stadium der Spekulation, einer Spekulation allerdings, die Ausgangspunkt für sehr interessante Untersuchungen sein kann.

Jonglierende Menschen machen immer wieder die überraschende Erfahrung, daß belastende Gedanken nach dem Training wie weggeblasen sind. Mehr noch: Sie stellen sich auch später nicht mehr ein. Bestimmte Befürchtungen und Sorgen, Reaktionen auf belastende Erlebnisse scheinen sich manchmal endgültig in Luft aufzulösen. Ich halte nun weder die bereits besprochenen physiologischen Gegebenheiten beim Jonglieren für eine ausreichende Erklärung dieses Phänomens noch Prozesse im Gehirn, mit denen wir uns noch auseinandersetzen werden.

Die gesamtphysiologischen und die neurologischen Prozesse beim Jonglieren sind dazu angetan, uns in eine gute Stimmung und in einen konzentriert-entspannten Zustand zu versetzen. Sie verschaffen uns „Urlaub vom Stress". Sie ermöglichen es uns, Probleme aus einer neuen Perspektive zu betrachten und uns mit frischen Kräften an ihre Lösung zu machen. Was aber löst immer wieder schlechte Gefühle oder quälende negative Gedanken so nachhaltig auf?

Meine Vermutung ist, daß diese erstaunliche Erfahrung mit den schnellen Hin- und Her-Bewegungen der Augen in Zusammenhang stehen könnte. Eine noch sehr junge psychotherapeutische Methode zeigt verblüffende Erfolge, speziell in der Arbeit mit schwerst traumatisierten Klienten: EMDR (Eye Movement Desensitization and Reprocessing). EMDR wurde von Francine Shapiro entwickelt. Sie entdeckte, daß negative Gedanken ihrer quälenden emotionalen Kraft beraubt wurden, sobald sie die Augen deutlich hin- und herbewegte.

„Nachdem sie die Methode an etwa siebzig Personen erprobt hatte, wurde Francine Shapiro klar, daß die Augenbewegungen die mit den Gedanken verbundenen belastenden Gefühle beseitigt hatten ... Durch weitere Experimente war sie zu der Überzeugung gelangt, daß die Augenbewegungen auch traumatische Erinnerung zu verarbeiten vermochten, wodurch dieselben integrierbar wurden.“[6]

EMDR kommt mit viel Erfolg in der Therapie von durch Katastrophen traumatisierten Menschen zum Einsatz. Der Klient wird dabei aufgefordert, während er den belastenden Zustand wieder aufruft und hält, mit den Augen dem sich hin- und herbewegenden Finger des Therapeuten zu folgen.

Jonglieren soll nicht zur neuen Trauma- oder Antidepressions-Therapie erklärt werden. Dennoch ist es eine faszinierende Beobachtung, daß belastende Ideen und Sorgen wie weggeblasen erscheinen und Einstellungen sich allmählich in eine immer positivere Richtung entwickeln, wenn wir nichts weiter tun als jonglieren.

2.4 Gehirnphysiologische Prozesse und Jonglier-Flow

Was passiert eigentlich im Gehirn, wenn wir jonglieren lernen? Jedenfalls sind es sehr ungewohnte Leistungen, die unser „Bio-Computer" da vollbringen muß! Für jeden Anfänger wird das deutlich spürbar. Wie Sie wissen, dominiert bei den meisten Erwachsenen eine Hälfte des Großhirns. Bei Rechtshändern (etwa 90 % aller Menschen) ist das die linke Hemisphäre. Sie ist für Wortverarbeitung, lineares und analytisches Vorgehen verantwortlich und kontrolliert die Bewegungen der rechten Körperhälfte.

Die rechte Hemisphäre denkt in Bildern. Auch hier gibt es eine Form von Sprachverständnis. Allerdings handelt es sich dabei um eine anders geartete, einfache Sprache unterhalb der Bewußtseinsschwelle. Die rechte Hälfte unseres Großhirns ist zuständig für Träume und Phantasie. Sie versteht Metaphern. Sie kann die im Hirnstamm, im limbischen System hervorgerufenen Gefühle deutlicher wahrnehmen. Künstlerische Tätigkeiten wie Malen oder Modellieren, unsere Fähigkeit für Musik empfänglich zu sein, sind Funktionen der rechten Hemisphäre. Sie ist zu großen Erkenntnissprüngen fähig, kann Probleme in ihrer Gesamtheit überschauen. Sie denkt holistisch. Die rechte Gehirnhälfte steuert die linke Körperseite. Der Austausch zwischen beiden erfolgt über den Balken, das corpus callosum. (Ich hoffe, Sie verzeihen mir diese kleine Wiederholung, die der Vollständigkeit der Darstellung dienen soll.)

Offensichtlich ist die Aufgabenverteilung zwischen beiden Gehirnhälften eine Besonderheit des erwachsenen Menschen. Dazu schreibt Marilee Zdenek in ihrem Buch *„Die Entdeckung des rechten Gehirns"*: „Andere Primatenarten und Kleinkinder verfügen, wenn überhaupt, nur über eine sehr rudimentäre Spezialisierung der Hemisphären. Ja, ein Kleinkind kann sogar eine gesamte Gehirnhälfte verlieren und trotzdem mit normaler Intelligenz aufwachsen, weil beide Hälften des Großhirns potentiell die Funktionsweise der jeweils anderen Hälfte übernehmen können. Nach dem fünften Lebensjahr führt der Verlust einer Hemisphäre jedoch zu Dauerschäden (die Mehrheit der Wissenschaftler nimmt an, daß die Spezialisierung der Hemisphären mit dem Spracherwerb zusammenhängt.)"[7]

Neueren gehirnphysiologischen Untersuchungen zufolge soll das corpus callosum bei Frauen meist deutlicher ausgeprägt sein als bei Männern. Könnte dies die Erklärung für die oft dominierende Rolle der Frauen in den Jongliertraditionen außereuropäischer Kulturen sein?

Betrachten wir die Geschichte Mitteleuropas, stellen wir fest, daß die logisch-deduktiven Fähigkeiten, der Verstand, Jahrhunderte lang höher geschätzt wurden als die

Phantasie, Kreativität oder die Intuition. Eine Ausnahme mag die Romantik sein. Im Großen und Ganzen aber war es immer ehrenvoller, ein Denker zu sein als ein Träumer oder gar ein Phantast. Wenn auch zu manchen Zeiten bestimmte Künstler vergöttert wurden – letzten Endes war künstlerische Arbeit nicht ehrenvoll. Übrigens gibt es sogar eine Theorie, die besagt, die Achtung und Verfolgung der Jongleure im Mittelalter hätte auf deren ausgeprägten rechtshirnigen Fähigkeiten beruht.

Erst während der letzten vier Jahrzehnte wurde die „Linkshirnigkeit" unserer Gesellschaft allmählich registriert und reflektiert. Die Erforschung der Zweiteilung des menschlichen Gehirns nahm um 1960 ihren Anfang. Damals wurde bei Kriegsversehrten, die aufgrund von Gehirnverletzungen an schweren epileptischen Anfällen litten, das corpus callosum durchtrennt. Der drastische Eingriff verbesserte den Zustand der Patienten. Die nachfolgenden Untersuchungen brachten erste Einblicke in die Unterschiede der beiden Gehirnhälften.

Hand in Hand mit der Entdeckung der Fähigkeiten des rechten Gehirns schien sich ein Wandel im Denken zu vollziehen. Ohne Zweifel hat sowohl der Künstler als auch der Kreative im wirtschaftlichen Bereich heute einen hohen Stellenwert in der Gesellschaft. Unsere Zeit hat Begriffe wie „ganzheitliches Lernen" oder „emotionale Intelligenz" geprägt. Zahlreiche Methoden zur Anregung der Kreativität wurden entwickelt. Und der Jonglierboom brach aus.

Jonglieren ist nicht nur Gehirntraining par excellence, es aktiviert und trainiert ganz speziell die nicht-dominante Gehirnhälfte. Nehmen wir als Beispiel das Grundmuster der Jonglage, die Kaskade mit drei Bällen. Während wir dieses Muster üben, „funkt" das Gehirn pausenlos: rechts-links-rechts-links ... Die linke Hemisphäre tut, was sie immer tut: sie versucht zu analysieren, was da vorgeht. Allerdings fliegen die Bälle viel zu schnell. Das linke Gehirn ist ganz einfach überlastet! In dieser Phase ist das Jonglieren alles andere als entspannend. Wenn Sie in diesem Stadium der Übung sind, werden Sie auf einen Beobachter wahrscheinlich angespannt wirken. Sie sind noch in der Phase der Überkonzentration. Vielleicht sehen Sie nicht nur verkrampft aus, sondern Sie fühlen sich auch so und haben die Idee: „Das lerne ich nie!" Lassen Sie diese Idee einfach los, so wie Sie lernen, Ihre Bälle loszulassen, und machen Sie weiter! Das linke Gehirn hat die Gewohnheit, irgendwann klein beizugeben, wenn es auf Dauer überfordert wird. Sobald die rechte Hemisphäre das Muster erkennt, übernimmt sie die Führung. Jetzt jonglieren Ihre Hände wie von selbst. Die Muskeln entspannen sich. Sie erleben nun einen äußerst angenehmen Zustand, den „Flow". Künstler berichten über die Erfahrung des Flow aus besonders kreativen Phasen.

Auch Wissenschaftler können ihn in Momenten der intuitiven Problemlösung erleben. Der Physiker Alan Lightman beschreibt ihn so: „Schon viele andere vor mir haben das erhebende Gefühl zu beschreiben versucht, das sich einstellt, wenn alles ganz plötzlich zusammenpaßt. Mir drängt sich dafür ein besonderer Vergleich auf. Es ist wie beim Segeln in einem Rundkiel-Boot. Normalerweise bleibt der Rumpf im Wasser und der Strömungswiderstand hemmt die Geschwindigkeit. Bei starkem, bögem Wind löst sich der Rumpf jedoch gelegentlich aus dem Wasser, so daß der Strömungswiderstand augenblicklich dem Nullpunkt zustrebt. Es fühlt sich an, als würde man von einer Riesenhand gepackt und fortgeschleudert wie ein Kiesel, der über die Wasseroberfläche tänzelt: Man hebt ab.“[8]

Spätestens seit Mihaly Csikszentmihalyi ist „das Flow-Erlebnis“ in aller Munde. In seinem gleichnamigen Buch[9] beschreibt er den Flow als das Aufgehen in einer Tätigkeit, die durch die im Tun selbst erfahrene Freude motiviert wird. Er stellt fest, daß dieses selbstbelohnende Verhalten Selbstvertrauen und Zufriedenheit steigert, während durch äußeren Druck oder äußere Belohnung motiviertes Tun eher zu Unsicherheit, Frustration und einem Gefühl der Entfremdung führen kann. Aufgrund der Untersuchung von Schachspielern, Kletterern, Tänzern, Musikern und Chirurgen kommt er zu der Annahme, daß jede Tätigkeit innerlich lohnend sein kann und somit das Flow-Erlebnis ermöglicht. Voraussetzung dafür sei, daß die Aktivität entsprechend strukturiert ist, daß unsere Fähigkeiten ihren Herausforderungen entsprechen und dabei das Übertreffen unserer bisherigen Grenzen erlauben. Wenn sich Flow auch grundsätzlich bei jeder Aktivität einstellen kann, seien doch bestimmte Tätigkeiten für dieses Erleben prädestiniert, z.B. Spiel, Kunst, Rituale. In jedem Fall müsse die entsprechende Aktivität Handlungsmöglichkeiten in einem Bereich jenseits von Angst und Langeweile bieten.

Das Flow-Erlebnis selbst ist nach Csikszentmihalyi durch das Verschmelzen von Handlung und Bewußtsein gekennzeichnet. Eine Zentrierung der Aufmerksamkeit auf ein beschränktes Stimulusfeld tritt ein: die Welt drumherum versinkt, es gibt in diesen Momenten keine Vergangenheit und Zukunft.

Flow ist ein Zustand von Selbstvergessenheit bis hin zum „Transzendieren der Individualität“, dem Verschmelzen mit der Welt. Dabei wird der Kontakt zur eigenen physischen Realität allerdings nicht verloren. In den meisten Flow-Erlebnissen werden Menschen sich der eigenen inneren Vorgänge sogar intensiver bewußt.

Ziel der Untersuchung Csikszentmihalyis war es, mehr über eine Motivationsform zu erfahren, die zu einer äußerst wichtigen Kraftquelle der Menschheit werden könne. Der Autor plädiert für eine „Politik der Freude“. Für die Arbeitswelt würde die höhere Bewertung der selbstbelohnenden Tätigkeit eine Aufwertung der Arbeit an sich bedeuten. Es stünden dann nicht mehr externe Anreize wie Gehalt oder Position im

Mittelpunkt. Als Folge davon würde unsere Aufmerksamkeit auf die Frage gelenkt, wie wir Arbeit sinnvoll und befriedigend gestalten können.

Wenn wir Flow aber bei jeder Tätigkeit erleben können, wenn es bereichernd ist, das Flow-Erlebnis in das Alltags- und Berufsleben zu bringen, warum sollten wir ausgerechnet jonglieren, um Flow zu erfahren?

Greifen wir noch einmal auf Csikszentmihalyi zurück. Er unterscheidet zwischen autotelischen (selbstbelohnenden) Aktivitäten, autotelischen Persönlichkeiten und autotelischem Erleben.

Mit autotelischen Aktivitäten sind jene Tätigkeiten gemeint, die in besonderem Maß geeignet sind, Flow-Erlebnisse auszulösen. Offensichtlich haben die kreativen Prozesse künstlerischer Arbeit sowie (Extrem-) Sport ein besonders hohes Flow-Potential. Beides ist aber nicht ohne weiteres jedem Menschen zugänglich. Bleibt noch das Spiel. Viele Erwachsene haben allerdings längst verlernt zu spielen. Jonglieren verführt zum Spielen. Es kann Kunst, Spiel und Sport in einem sein. Jonglieren lernen kann jeder in fast jedem Alter (Kinder etwa ab neun oder zehn Jahren), der nicht an einer schweren körperlichen Behinderung leidet. Und selbst in diesem Fall bietet das therapeutische Jonglieren zahlreiche Möglichkeiten.

Bereits beim Erlernen der Kaskade mit drei Bällen kann Flow intensiv erfahren werden. Im Jongliertraining müssen lediglich zwei Bedingungen erfüllt sein:

- Der oder die Übende muß sich wirklich auf den Lernprozeß einlassen und
- das Training muß so aufgebaut sein, daß es die Herausforderung bietet, die im Moment wahrgenommenen Grenzen zu überschreiten. Dabei darf der Lernende sich jedoch in keinem Stadium des Übens ernsthaft überfordert oder auch unterfordert fühlen.

Die Absicht dieses Buches ist es, Sie dabei zu unterstützen, die Jonglierübungen so zu gestalten, daß diese Voraussetzungen gegeben sind. Wir werden versuchen herauszufinden, wie wir sowohl Angst als auch Langeweile im Jongliertraining mit Gruppen weitgehend ausschalten können. Dann nämlich wird der Flow-Zustand zwangsläufig eintreten. Anders als bei vielen anderen Aktivitäten werden wir uns beim Jonglieren nicht entscheiden können, ob wir uns dieser Tätigkeit ganz und gar hingeben oder nicht. Ohne totale Hingabe, ohne das selbstvergessene Aufgehen im Tun, ist es völlig unmöglich zu jonglieren! Dazu kommt, daß die Bewegungsabläufe selbst jene Prozesse im Gehirn auslösen, die mit dem Flow-Zustand verbunden sind.

Während Mihaly Csikszentmihalyi das Flow-Phänomen ausschließlich vom subjektiven Erleben her betrachtet und erforscht, widmen sich andere Autoren – z.B. die bereits erwähnte Marilee Zdenek – der Wechselwirkung zwischen Flow-Erleben und neurophysiologischen Prozessen. Betrachten wir unterschiedliche autotelische Aktivitäten, fällt auf, daß der Flow dann eintritt, wenn rechtshirnige Zentren aktiv werden.

Kinesiologen bezeichnen diesen Vorgang als Einschalten des ganzen Gehirns. Die Kinesiologie nutzt vor allem das Überkreuzen der Mittellinie zur Aktivierung der nicht-dominanten Hemisphäre[10]. Eine sehr bekannte Übung ist das in-die-Luft-Malen einer liegenden Acht. Eine weitere Übung nennt sich „Cross-Crawl". Dabei wird abwechselnd der rechte Arm zum linken und der linke Arm zum rechten Knie bewegt. Der Blick bleibt konstant nach oben gerichtet.

Wenn wir eine Dreiball-Kaskade jonglieren, malen die Bälle eine liegende Acht nach der anderen in die Luft. Sie überkreuzen ständig die Mittellinie, während unser Blick nach oben gerichtet ist. Einige Tricks verstärken die Wirkung noch, z.B. das Werfen unter dem jeweils gegenüberliegenden Knie, das Jonglieren mit gekreuzten Händen oder die „Mühle".

Viele Formen des Kreativitäts-Trainings beruhen auf dem bewußten Zuschalten der rechten Gehirnhälfte. So empfiehlt Harald Braem in seinem Buch „Brainfloating"[11] unter anderem das Schreiben mit der linken Hand und Simultanaktionen wie das Malen mit beiden Händen zugleich, um kreative Prozesse in Gang zu setzen.

Csikszentmihalyi fand heraus, daß bestimmte Personen in besonderem Maß dazu neigen, den Zustand des Flow zu erleben (Autotelische Persönlichkeiten). Er geht davon aus, daß es sich dabei um Personen handelt, die auf innere Belohnung ansprechen, die sich also nicht vorwiegend an externen Belohnungen orientieren.

Wenn es hier also Unterschiede gibt, kann man schlußfolgern, daß sich deutlich spürbare Flow-Erlebnisse nicht bei jedem Menschen automatisch einstellen. Um den bereichernden Zustand des Flow in das tägliche Leben bringen zu können, muß er aber zunächst erfahren werden. Jonglierend kann jeder den Zugang zum Flow-Erleben finden, auch jene Personen, denen dieses bisher eher fremd war.

Das Flow-Erlebnis selbst (autotelisches Erleben) ist ein psychologischer Zustand, der sich selbst verstärkt. Das entsprechende Verhalten wird ohne jede äußere Belohnung aufrechterhalten.

Flow kann in sehr unterschiedlichen Ausprägungen erlebt werden, vom „Mikroflow" alltäglicher Aktivitäten bis zum tiefen Flow, wie ihn Alan Lightman beschreibt. Auch beim Jonglieren wird der Flow-Zustand von unterschiedlichen Menschen in sehr unterschiedlicher Intensität erfahren. In jedem Fall aber wird er deutlich spürbar –

manchmal auch mehr als deutlich: Vielleicht haben Sie meine Warnung am Anfang dieses Buches, Jonglieren könne süchtig machen, für einen Scherz gehalten? Ich habe das vollkommen ernst gemeint und möchte Sie ohne jeden Skrupel dazu einladen, sich selbst und Ihren Seminarteilnehmern gelegentlich mal einen ordentlichen Rausch zu gönnen!

Ich habe die Dreiball-Kaskade im Alter von etwa zehn Jahren gelernt. Noch heute sehe ich mich kreischend und heulend vor Glück durch die Wohnung tanzen. Ursache dieses Ausbruchs war keineswegs nur die Freude, daß ich es geschafft hatte! Es war schlicht und ergreifend ein Rauschzustand mit allem Drum und Dran, eine Ekstase, wie ich sie in meinen jungen Jahren noch nie erlebt hatte. Von nun an hing ich zwar nicht an der Nadel, aber am Ball und nach vielen Jahren des Entzugs bin ich prompt rückfällig geworden.

In vielen meiner Jonglierkurse gibt es Teilnehmer, die auf diese Weise „abheben". Ob solche ekstatischen Zustände auftreten oder nicht, hängt vermutlich davon ab, ob die rechte Hemisphäre eher sukzessive oder durchbruchartig die Führung übernimmt. Im Moment des Wechsels vom linken zum rechten Gehirn werden die körpereigenen „Glücksdrogen" Endorphin und Dopamin frei. Sie lösen euphorische Zustände bis hin zu Heureka-Erlebnissen aus. Der „Jonglierrausch" hat allerdings nur positive Neben- und Nachwirkungen: Sie bekommen keinen Kater - höchstens Muskelkater. Fälle von Beschaffungskriminalität sind eher selten. Schließlich sind Jonglierbälle durchaus erschwinglich, und die eigentliche Droge stellen Sie selbst her.

An diesem Punkt löst sich für mich der scheinbare Widerspruch zwischen dem Jonglieren um bestimmter Effekte willen und dem Jonglieren als Selbstzweck auf.

Kontinuitat ist fur viele wohltuende oder sogar heilende Wirkungen Voraussetzung. Die Steigerung der geistigen und körperlichen Flexibilität, eine dauerhafte Erhöhung des Konzentrationsvermögens, vor allem aber die Verbesserung der Sehfähigkeit verlangen ausdauerndes und regelmäßiges Training. Wer „jongliersüchtig" ist, wird immer weitermachen, regelmäßig üben, immer neue Tricks lernen.

Das, worauf Jongleure süchtig werden, ist der Zustand des Flow – besonders, wenn dieser gelegentlich von einem Heureka-Erlebnis begleitet wird. Flow tritt aber nur ein, wenn wir autotelischen Aktivitäten nachgehen.

Nehmen wir „autotelisch" wörtlich: auto = selbst, telos = Ziel, kommen wir zu dem Schluß, daß uns Spaß, Freude, aber auch das tiefe Erleben unserer inneren Vorgänge erst dann in vollem Maß zuteil werden, wenn unser Tun letztlich Selbstzweck sein darf. Betrachten wir also als Lernende und Lehrende der Jonglierkunst den Weg als Ziel und lassen wir uns von ihren Auswirkungen beschenken. Daher mein Tip:

- ➜ Jonglieren Sie mit Ihren Seminarteilnehmern, wenn die Konzentration nachläßt.
- ➜ Jonglieren Sie, wenn sich Ihre Gedanken im Kreis drehen.
- ➜ Jonglieren Sie, wenn Sie auf der Suche nach kreativen Problemlösungen sind.
- ➜ Oder jonglieren Sie völlig sinn- und zwecklos. Lassen Sie sich's gutgehen und fühlen Sie sich wohl – einfach so!

3. Tücherjonglage

Wenn Sie selbst noch nie jongliert haben, beginnen Sie Ihr Training am besten mit bunten Tüchern. Die folgenden Übungen sind auch für Gruppen der ideale Einstieg in das Spiel mit der Schwerkraft: Tücher fliegen langsam und müssen nicht exakt gefangen werden. Eine Kaskade mit drei Tüchern ist schnell erlernt. Auch Seminarteilnehmer mit Jongliererfahrung machen die Übungen meist gerne mit. Es können aber auch andere Tricks parallel zur Kaskade geübt werden. Säulen, die Außenkaskade (siehe Kapitel 6: *Dreiballvariationen*) oder die Fontäne (siehe Kapitel 7: *Vierballjonglage*) bieten sich besonders an. Das Wort „Trick" bedeutet übrigens nicht, daß Sie schummeln können! Es ist die Bezeichnung der Artisten für „Kunststück".

Nehmen Sie das erste Tuch zur Hand. Halten Sie es in der Mitte fest, in der sogenannten Gespensterhaltung.

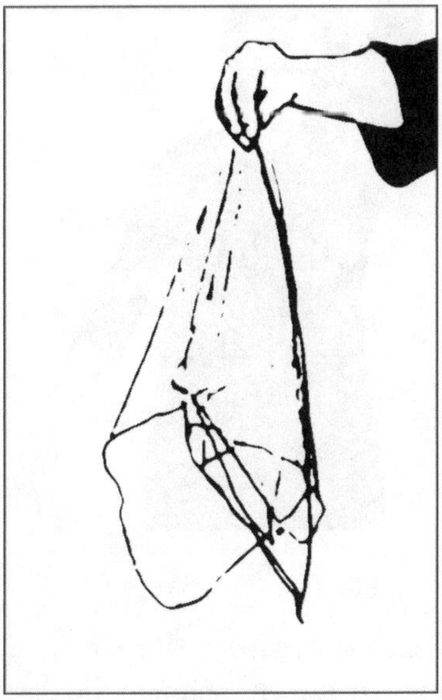

Wenn Sie Walzermusik mögen, wählen Sie einen langsamen Walzer als Begleitmusik für die folgenden Übungen. Ein ruhiger Dreiertakt kann Sie vom Rhythmus und Gefühl her ideal beim Lernen unterstützen.

Nun beginnen Sie das Tuch im Takt der Musik von der rechten in die linke Hand zu werfen und umgekehrt. „Werfen" im eigentlichen Sinn können Sie ein Tuch natürlich nicht! Ziehen Sie es mit einer kräftigen Bewegung des ganzen Armes diagonal vor dem Körper hoch und lassen Sie es los. Mit der anderen Hand „krallen" Sie das Tuch, sobald es herunterkommt.

Experimentieren Sie ein wenig, bis Sie den idealen Punkt zum Loslassen gefunden haben. Wenn Sie das Tuch fangen, ist es nicht wichtig, es wieder genau in der Mitte zu fassen zu kriegen. Krallen Sie es einfach und ziehen Sie es sofort wieder hoch.

Fühlen Sie den Rhythmus mit Ihrem ganzen Körper. Genießen Sie die Bewegung. Sobald Sie sich mit der Übung gut fühlen, nehmen Sie das zweite Tuch dazu.

Halten Sie ein „Gespenst“ rechts und eines links.

Beginnen Sie mit der starken Hand. Ziehen Sie Tuch 1 hoch und lassen Sie es los. Sobald es oben ist, ziehen Sie Tuch 2 unter Tuch 1 hindurch nach oben. Die Tücher zeichnen dabei ein großes X in die Luft.

Beginnen Sie nun mit der schwachen Hand. Diesmal zeichnen Sie Ihr X in die andere Richtung.

Jetzt üben Sie fortlaufend: rechts – links – Pause, rechts – links – Pause ... Diese Übung sollten Sie einmal mit der schwachen und einmal mit der starken Hand beginnen.

Ich möchte an dieser Stelle alle Linkshänder bitten, ab sofort „rechts“ als Synonym für „starke Hand“ zu verstehen. Das vereinfacht die Beschreibung der Muster.

Genießen Sie den Rhythmus und die Bewegung. Bleiben Sie bei der Übung, bis das „X-en“ selbstverständlich geworden ist.

Überraschung: Sie haben die Kaskade mit drei Tüchern bereits gelernt – Sie brauchen nur noch die Pause durch das dritte Tuch ersetzen!

Halten Sie nun Tuch 1 mit Daumen und Zeigefinger der rechten Hand, Tuch 3 mit Mittel- und Ringfinger und dem kleinen Finger, fest.

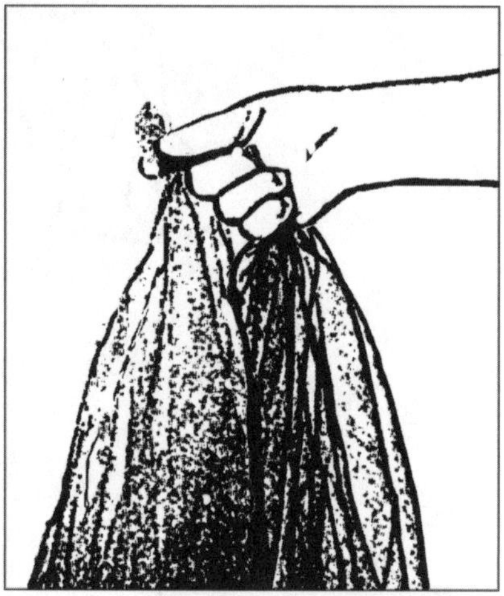

So können Sie Tuch 1 und Tuch 3 voneinander getrennt abwerfen. Tuch 2 kommt in die linke Hand.

Werfen Sie: rechts – links – rechts und fangen Sie das Ganze nach Möglichkeit wieder ein. Dasselbe andersherum: links – rechts – links – fangen.

Wählen Sie für die Drei-Tücher-Jonglage einen langsamen Walzer als Begleitmusik.

Nun sind Sie bereit für die Kaskade. Werfen Sie: rechts – links – rechts – links ...

Richten Sie den Blick nach oben. Achten Sie darauf, daß Sie wirklich jedes Tuch unter dem, das gerade oben ist, durchziehen, nicht etwa darüber oder daneben.

Sie malen ein X nach dem anderen, einmal von der einen, einmal von der anderen Seite. Gehen Sie ruhig zwischendurch zu den Vorübungen zurück. Sie brauchen keinen Lerngeschwindigkeitsrekord aufzustellen. Es ist nicht wichtig, wie lange Sie brauchen. Sehr wichtig aber ist, daß Sie sich auf saubere Würfe konzentrieren. Sie sind die Grundlage der Jonglage. Das Fangen kommt ganz von selbst.

Üben Sie weiter und lassen Sie sich überraschen: Sie werden früher oder später das Gefühl haben, sich gar nicht mehr konzentrieren zu müssen. Natürlich sind Sie nach wie vor hochkonzentriert, aber diese Form der Konzentration fühlt sich ganz anders an. Sie sind im Zustand der konzentrierten Entspannung angelangt.

Herzlichen Glückwunsch – Sie haben die Kaskade erlernt!

Setzen Sie die Tücherjonglage im Seminar ein, haben Sie damit innerhalb von zehn bis fünfzehn Minuten für Erholung, gute Stimmung und neue Aufnahmebereitschaft gesorgt. Zudem ist auch die eine oder andere „Ich-kann-nicht"-Überzeugung ins Wanken geraten, ohne daß Sie ein Wort darüber verlieren mußten.

Ich betrachte das Jonglieren mit Tüchern noch als eine Art Vorübung für das eigentliche Jonglieren. Ein wesentliches Element spielt hier nämlich noch eine untergeordnete Rolle: das Tempo. Bei den meisten Menschen treten der Jonglier-Flow oder „Heureka-Erlebnisse" erst ab einer gewissen Geschwindigkeit der Bewegungen auf, also beim Jonglieren von Bällen. Sie haben allerdings die Dreiball-Kaskade schon sehr gut vorbereitet, indem Sie das Muster mit Tüchern erlernt haben.

4. Grundlagen der Balljonglage

4.1 Jonglierbälle

Die Balljonglage beginnen Sie am besten mit sogenannten Beanbags. Das sind mit Hirse oder Granulat gefüllte Spezialbälle, meist aus Kunstleder. Beanbags haben den Vorteil, daß sie leicht zu fangen sind und nicht wegspringen, wenn sie hinunterfallen.

Meine Erfahrung ist, daß etwas teurere Bälle wesentlich leichter und angenehmer zu jonglieren sind als billige. Ganz billige Beanbags, die man oft schon für ca. 1,50 € pro Stück bekommen kann, halte ich für ungeeignet. Sie sind viel zu leicht, meist auch zu klein und machen dem angehenden Jongleur das Leben schwer.

Ein guter Beanbag sollte etwa 65 mm Durchmesser haben und ein Gewicht von 120 bis 140 Gramm. Es ist sinnvoll, beim Einkauf darauf zu achten, auch wenn Sie denken: „Ich möchte erst mal probieren, ich weiß ja noch nicht, wieviel Spaß mir das Jonglieren machen wird!“ Bedenken Sie bitte, daß Sie genau das mit schlechten Requisiten vielleicht nie erfahren werden. Sollten Sie schon Billig-Beanbags gekauft haben, können Sie diese brauchbar machen, indem Sie vorsichtig ein Stückchen Naht öffnen, das Granulat ausleeren und den Ball mit Reis, Hirse oder Leinsamen füllen. Nähen Sie den Ball wieder zu. Er hat jetzt das richtige Gewicht und reicht für die ersten Übungen. Überprüfen Sie mit Hilfe einer Briefwaage, ob alle drei Bälle wirklich genau gleich schwer sind.

Besonders am Anfang ist es sinnvoll, drei Bälle in unterschiedlichen Farben zu benutzen. Das erleichtert das Erlernen einiger Tricks.

4.1.1 Ballonbälle selbst gemacht

Für manche Gruppen bietet es sich an, die Jonglierbälle im Seminar selbst herzustellen. Bei guter Organisation brauchen Sie dafür nicht mehr als fünfzehn bis zwanzig Minuten, und die Seminarteilnehmer können ihre eigenen Bälle mit nach Hause nehmen.

Sie brauchen: Reis oder Hirse, abgeschnittene Nylons bzw. die Fußteile von Damenstrumpfhosen und bunte, einfache runde Luftballons.

125-130 g Reis/Hirse pro Ball abwiegen und in das Strumpfende füllen. Den Strumpf verschließen Sie durch Umdrehen und Überstülpen. Schneiden Sie von je drei Luftballons die Mundstücke ab und überziehen Sie den Ballrohling damit.

Ballonbälle sind nicht sehr robust, aber Sie können sie jederzeit mit neuen Ballons beziehen. Ihr besonderer Vorteil ist, daß sie genau dort liegenbleiben, wo sie auftreffen.

4.2 Die Dreiball-Kaskade

4.2.1 Vorübung 1: Stabilisieren der Flugbahn

Als ersten Schritt zur Dreiball-Kaskade wollen wir uns mit der Flugbahn der Bälle vertraut machen.

Werfen Sie einen Beanbag von einer Hand in die andere. Sie malen dabei ein Unendlichkeitszeichen in die Luft.

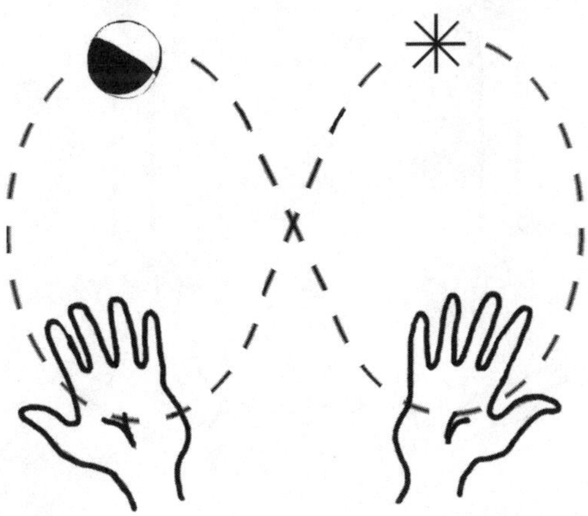

Die Flugbahn hat zwei Fixpunkte. Die rechte Hand wirft zum linken Fixpunkt – wo sich der Ball auf dieser Zeichnung gerade befindet – die linke zum rechten. Ihr Blick, die bewußte Aufmerksamkeit, ist immer auf die Fixpunkte gerichtet. Fangen Sie etwa in Höhe der Taille.

Das Hochreißen der Hände, um dem Ball möglichst weit entgegenzugehen, ist ein typischer Anfängerfehler. Ich verspreche Ihnen bei meiner Ehre: Der Ball kommt von selbst wieder herunter!

Es ist sehr hilfreich, schon jetzt ein Gefühl dafür zu entwickeln, welche Muskelspannung Sie wirklich brauchen und zu versuchen, nur mit dieser zu arbeiten. Alles darüber hinaus ist verpuffte Kraft und Verspannung.

Natürlich brauchen Sie das Unendlichkeitszeichen mit einem Ball nicht unendlich lange zu üben! Werfen und fangen Sie den Beanbag so lange, bis sich ein angenehm gelöstes Körpergefühl einstellt und Ihr Blick gelassen und selbstverständlich zwischen den Fixpunkten hin- und herwandert.

4.2.2 Vorübung 2: Synchronisieren der Hände

Haben Sie eine tolle Musik aufgelegt? So machen die Vorübungen mehr Spaß! Für die Balljonglage eignet sich ein ruhiger Vierertakt (Metronom: ungefähr 112).

Nehmen Sie nun den zweiten Ball dazu. Versuchen Sie beide Bälle im Rhythmus der Musik zugleich hochzuwerfen und zu fangen. Die Fixpunkte sind diesmal genau über Ihren Händen. Die Beanbags sollten genau gleich hoch und in einer Ebene fliegen.

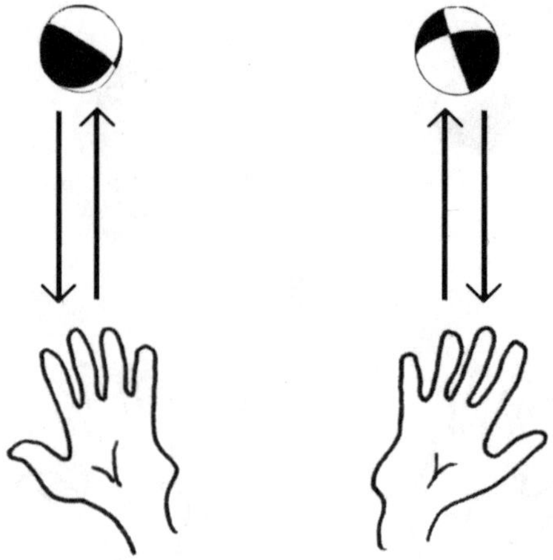

Jetzt macht es sich deutlich bemerkbar, daß wir es mit einer starken und einer schwachen Hand zu tun haben. Fliegt einer der beiden Bälle immer zu weit nach vorne?

Stellen Sie sich einfach im Abstand von etwa einem Meter vor eine Wand. Sie hilft Ihnen dabei, die Bälle in einer Ebene zu halten.

4.2.3 Vorübung 3: Kreuzen der Bälle

Auch dieser Zweiballtrick ist eine Synchronbewegung. Werfen Sie beide Bälle zugleich los, so, daß sie die Hand wechseln.

Diese Übung hat nur einen Fixpunkt, nämlich direkt über Ihrem Kopf, wo die Bälle kreuzen. Richten Sie Ihren Blick auf den Fixpunkt und fangen Sie mit tiefen Händen: Kreuzwurf – Pause – Kreuzwurf – Pause usw.

Ruhige Bauchatmung wirkt der Tendenz zum Hochreißen der Arme entgegen. Atmen Sie tief und ruhig, so daß sich Ihre Bauchdecke beim Einatmen hebt und beim Ausatmen senkt. Gehen Sie beim Probieren jedes Tricks immer wieder zu dieser Atemtechnik zurück, wenn Sie das Gefühl haben, verkrampft zu sein oder in den Würfen hektisch werden.

Wahrscheinlich haben Sie die Bälle automatisch so geworfen, daß der Beanbag aus der starken Hand über den aus der schwachen Hand hinwegfliegt. Üben Sie eine Zeitlang auch mal andersherum. Der Ball aus der schwachen Hand bekommt nun die obere Wurfbahn.

4.2.4 Vorübung 4: Kaskadenmuster mit zwei Bällen

Wir kommen zum „X-en“, das Sie schon aus der Tuchjonglage kennen. Die Flugbahn ist nun wieder das Unendlichkeitszeichen aus Vorübung 1.

Werfen Sie Ball 1 aus der rechten Hand zum linken Fixpunkt. Sobald er oben ist, werfen Sie Ball 2 zum rechten Fixpunkt:

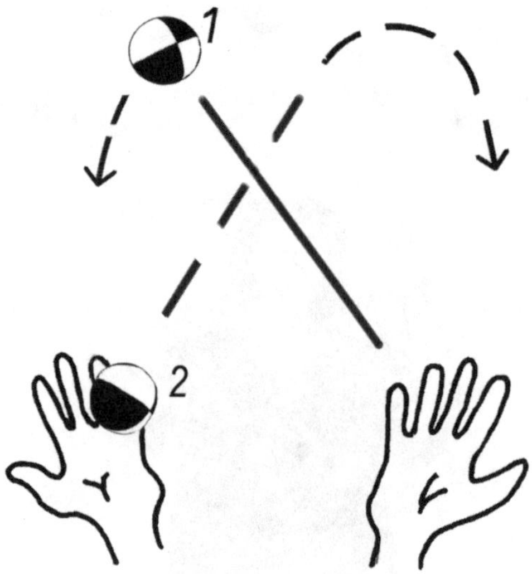

Auf keinen Fall dürfen Sie Ball 2 von der linken in die rechte Hand übergeben!

Was Sie tun, ist: werfen – werfen – fangen – fangen

Was Sie denken, ist: werfen – werfen – Pause – werfen – werfen – Pause

Es ist sehr wichtig, daß Sie Ihre gesamte Aufmerksamkeit auf das Werfen richten – niemals auf das Fangen. Schauen Sie auf die Fixpunkte. Die Bälle werden dorthin fliegen, wohin Sie Ihren Blick richten.

Beginnen Sie nun mit der linken Hand.

Entspannen Sie immer wieder die Schultern.

Wechseln Sie ruhig zwischen den Vorübungen ab. Das hilft Ihnen, sich zu konzentrieren und hält Sie bei Laune.

4.2.5 Kaskade – Haltung der Bälle

Die rechte Hand hält Ball 1 zwischen Zeige- und Mittelfinger und dem Daumen, Ball 3 im „Nest".

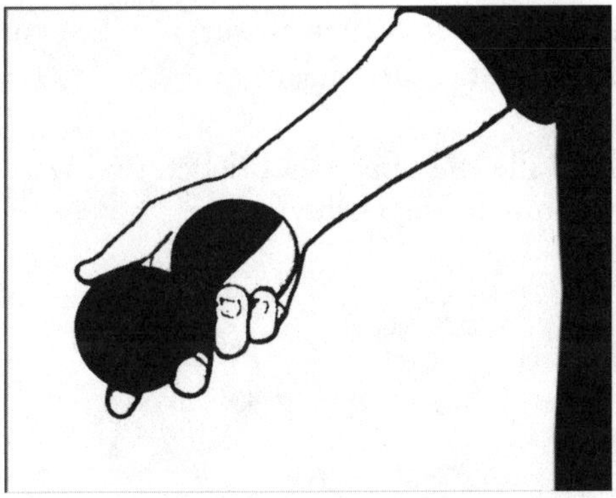

Ball 2 kommt in die linke Hand.

4.3.6 Kaskade – Wurftechnik

Das Muster der Kaskade kennen Sie bereits aus der Tuchjonglage. Es entspricht in der Flugbahn der Vorübung 4, nur daß Sie statt der Pause wieder rechts werfen.

Versuchen Sie nicht, die gesamte Flugbahn der Bälle zu überblicken. Am besten vergessen Sie die liegende Acht wieder. Stellen Sie sich nur die Fixpunkte vor und denken Sie an die X-Form, die Sie in die Luft malen.

Halten Sie nun die drei Bälle wie oben beschrieben und werfen Sie rechts – links – rechts (Linkshänder wie immer umgekehrt).

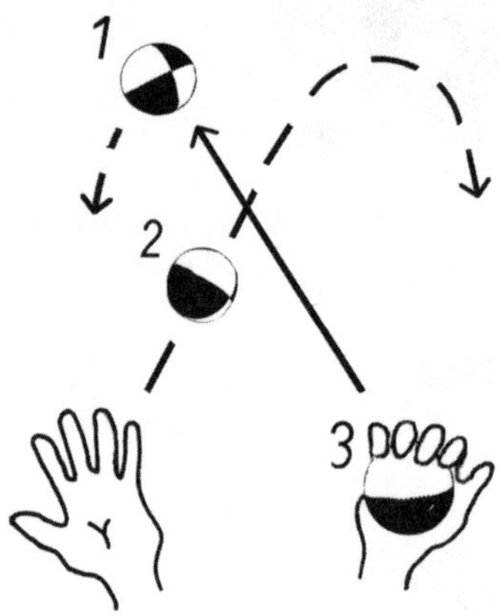

Wenn möglich, fangen Sie Ball 1 und Ball 2. Ball 3 lassen Sie zunächst fallen. Es ist wichtig, Ball 3 pünktlich loszuwerfen.

Der nächste Schritt ist, Ball 3 in eine saubere Flugbahn zu bringen. Das Fangen ist dann später ein Kinderspiel!

Gehen Sie tief in die Knie, wenn Sie die Bälle aufheben. Das schont Ihren Rücken und Sie trainieren die Beine gleich mit! Sie müssen sich nicht bücken – Sie machen Gymnastik!

Diese Übung führt uns zu den wichtigsten Grundregeln des Jonglierens:
1. Werfen ist wichtiger als Fangen.
2. Fallenlassen ist ein Zeichen von Fortschritt.

Gegen die Gefahr der Frustration hilft es, jede Art von Leistungsdruck immer wieder loszulassen. Und: Wer die Fähigkeit hat, über sich selbst zu lachen, wird auch die Geduld aufbringen, etwas mühsamere Stadien im Lernprozeß zu meistern. Humor ist ein wahres Zaubermittel!

4.3 Mit mentalem Training zum fortlaufenden Jonglieren – die Feuerwerk-Strategie

Mentaltraining ist ein Erfolgsrezept vieler Spitzensportler und Artisten. Auch das fortlaufende Jonglieren können Sie so optimal vorbereiten. Hier ist die spezielle Variante zum Erlernen einer flüssigen Kaskade. Ich nenne sie die „Feuerwerk-Strategie".

Bringen Sie die Hände in Jonglierposition. Vielleicht möchten Sie die Augen schließen? Geben Sie nun einen kleinen Impuls mit der rechten Hand und stellen Sie sich vor, wie in extremer Zeitlupe eine Leuchtkugel in Richtung linker Fixpunkt aufsteigt. Die Leuchtkugel zieht einen Lichtschweif hinter sich her, ähnlich einer Silvesterrakete. Wenn die Kugel ihren Fixpunkt erreicht hat, verlöscht sie und im gleichen Moment steigt mit einem Impuls der linken Hand eine neue Leuchtkugel zum rechten Fixpunkt auf und verlischt. Zugleich steigt die nächste Kugel aus rechts auf. „Jonglieren" Sie immer weiter und beschleunigen Sie allmählich das Tempo. Die Vorstellung der Leuchtschweife hilft Ihnen, das X zu visualisieren. Es ist sehr wichtig, die Kugeln verlöschen zu lassen. Der Jongleur interessiert sich für die Flugbahn der Bälle nur so lange, bis diese am Fixpunkt angekommen sind!

Probieren Sie nun mit Ihren Beanbags. Jonglieren Sie weiter, solange es geht: rechts-links-rechts-links ... Nehmen Sie einmal bewußt das Stadium des „linkshirnigen Jonglierens" wahr, in dem Sie jetzt wahrscheinlich gerade sind. Sie werden ein wenig später, sobald sich der Jonglier-Flow einstellt, nicht mehr fähig sein, so zu jonglieren. Vielleicht wird es gut sein, sich daran erinnern zu können, wenn Sie den Trick anderen beibringen möchten?

4.4 Die Rhythmusstrategie des Jonglierens

Jongleure unterscheiden sich von vielen anderen Künstlern dadurch, daß sie sich nicht der Illusion der Perfektion hingeben. Sie wissen, so großartig sie auch sein mögen, sie werden immer wieder etwas fallen lassen, auch vor Publikum.

Zum Fallenlassen sagen sie übrigens nicht „Fehler", sondern „Drop". Diese Bezeichnung beschreibt sehr anschaulich, welche Rolle das Fallenlassen in der Jonglage spielt. Drops können lästig sein, ebenso wie „Raindrops" lästig sein können, wenn man gerade spazieren geht und keinen Schirm dabei hat. Aber die Drops sind ebenso lebensnotwendig für den Jongleur wie der Regen für die Natur. Die Rhythmus-Jonglierstrategie möge Ihnen auch als Regenschirm auf Ihrem Spaziergang durch die Kunst der Jonglage dienen!

Wahrscheinlich haben Sie, ohne besonders darauf zu achten, bereits ein wenig mit der Wurfhöhe der Kaskade experimentiert und herausgefunden: Zu hohe Würfe machen die Flugbahn instabil, zu niedrige bewirken, daß die Jonglage für dieses Lernstadium zu schnell wird. Machen Sie sich jetzt die für den Moment geeignetste Wurfhöhe bewußt. Aus dieser ergibt sich der Rhythmus der Kaskade.

Wählen Sie eine Begleitmusik für die Übung, die Ihrem augenblicklichen Idealrhythmus entspricht.

Finden Sie nun heraus, ob da vor dem Jonglieren, währenddessen oder auch bei Drops Kommentare in Ihrem Kopf sind. Sie könnten sich zum Beispiel vorher sagen: „Diesmal muß es klappen!", während des Jonglierens: „Weiter! Weiter!" und wenn Sie fallen lassen: „Sch...eibenkleister!"). Drehen Sie sämtliche Kommentare ab! Sie können sich einfach vorstellen, das, was da in Ihrem Kopf quasselt, sei eine Stimme in einem Radio. Bedienen Sie den Lautstärkeregler und drehen Sie den Kommentar herunter, bis er nicht mehr zu hören ist.

Niederschmetternde Bemerkungen, wie zum Beispiel, „Das lernst du nie!", werden Sie total blockieren. Allerdings stören auch aufmunternde Statements wie: „Du schaffst es!", „Weiter so!". Sie können zu echten Erfolgsbremsen werden, da sie immer wieder das Sprachzentrum aktivieren und Sie länger als nötig auf die linke Hemisphäre fixieren. Dadurch wird das Eintreten des Flow verhindert.

Nehmen Sie statt dessen mit Ihrem ganzen Sein, mit Körper, Geist und Seele Kontakt zu Ihrem Rhythmus auf. Hören Sie ihn, fühlen Sie ihn. Beim Jonglieren können wir den Rhythmus auch sehen. Jonglieren ist sichtbar gemachte Musik. Sehen Sie den Rhythmus zunächst vor Ihrem inneren Auge.

Wenn Sie jetzt zu jonglieren beginnen, drehen Sie Ihr Radio wieder auf, aber wählen Sie ein anderes Programm, eines, das den Rhythmus unterstützt: Sie können den Rhythmus mitsprechen: „Rechts – links – rechts – links ...“, rhythmische Silben wie „dam-dam ...“, „da-ka-da-ka ...“ verwenden oder das Musikstück mitsingen. Experimentieren Sie an diesem Punkt ein wenig. Wichtig ist, daß Sie nicht kommentieren, was Sie tun und unbedingt und in jedem Fall auch im Rhythmus und beim Rhythmus bleiben, auch wenn Sie sich bücken, um Bälle aufzuheben. Kein Kommentar, es sei denn, die Übung ist besonders gut gelungen. Dann pausieren Sie bewußt, um Ihren Erfolg zu genießen. Übrigens: Sie machen jetzt nicht nur Gymnastik, Sie machen jetzt rhythmische Gymnastik!

Rhythmus-Jonglierstrategie

1. Finden Sie den idealen Rhythmus für das jeweilige Lernstadium.
2. Orten Sie innere Kommentare und drehen Sie sie ab.
3. Nehmen Sie Kontakt zum Rhythmus der Begleitmusik auf, hören, fühlen, sehen Sie ihn.
4. Ersetzen Sie die ursprünglichen Kommentare beim Jonglieren durch rhythmisches inneres Mitsprechen oder -singen oder hören Sie einfach auf die Musik.
5. Gestatten Sie sich keine Kommentare zu Drops. Bleiben Sie auch beim Aufheben der Bälle im Rhythmus!

4.5 Zwei Bälle in einer Hand

Diesen Trick können Sie im Wechsel mit der Kaskade üben oder hinterher lernen. Bitte probieren Sie aus, was Ihnen angenehmer ist.

Halten Sie zwei Bälle in der starken Hand. Werfen Sie Ball 1 und sobald er oben ist, Ball 2.

Hat ihre schwache Hand die Tendenz „dazwischenzufummeln"? Wenn ja, verbannen Sie sie erstmal auf den Rücken.

Sie können Außenkreise, Innenkreise oder Säulen jonglieren:

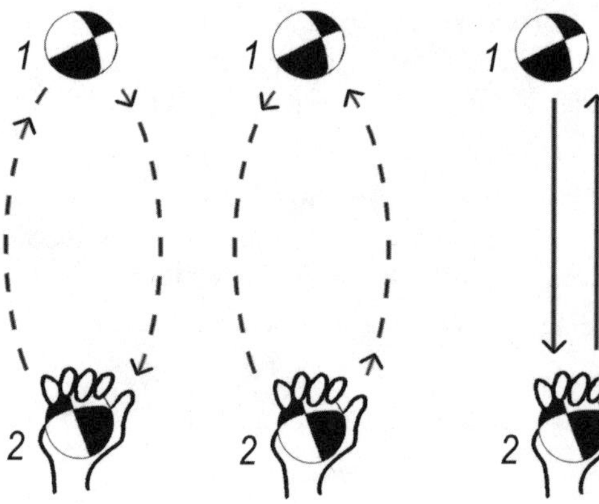

Die Säulenform unterscheidet sich von den Kreisen dadurch, daß jeder Ball seine eigene Flugbahn und somit auch seinen eigenen Fixpunkt hat. Entscheiden Sie sich für die Wurfform, die Ihnen am angenehmsten ist.

Das Muster mit der schwachen Hand zu lernen ist eine Herausforderung. Nehmen Sie sie an, werden Sie reichlich belohnt: Die Technik der schwachen Hand verbessert sich deutlich. Zudem haben Sie für die Vierballjonglage bereits die halbe Miete in der Tasche!

... und jetzt?

Sie können Ihre Fähigkeiten weiter verbessern, indem Sie die Wurfhöhe der Kaskade variieren. Je besser Sie die Muskelspannung dosieren können, desto niedriger und schneller können Sie das Muster jonglieren. Wechseln Sie auch zwischen ruhigen, hohen und schnellen, niedrigen Kaskaden. Versuchen Sie, während des Jonglierens umherzugehen, sich zu setzen und wieder aufzustehen, um immer sicherer zu werden. Sie können auch verschiedene Varianten des Wechsels zwischen dem Jonglieren von zwei Bällen in einer Hand und der Kaskade ausprobieren.

Wie lange es dauert, das etwas mühsame Stadium des linkshirnigen Jongleurs zu verlassen, um ein rechtshirniger Jongleur zu werden, ist von Mensch zu Mensch sehr unterschiedlich. Bitte denken Sie immer daran: Wenn Sie schnell sind, heißt das nicht automatisch, daß Sie besonders erfolgreich lernen werden. Es heißt einfach nur, daß Sie schnell sind. Haben Sie das Gefühl, langsam zu lernen, bedeutet das noch lange nicht, daß Sie keinen Erfolg haben werden. Es bedeutet, daß Sie zum Lernen etwas mehr Zeit brauchen.

Nun habe ich noch zwei gute Nachrichten für Sie und eine schlechte: Die schlechte zuerst? Das unglaubliche Gefühl, im Flow zu jonglieren – nicht mal Fliegen ist schöner – wird um so schwächer, je weiter sich das Muster automatisiert. Die Euphorie läßt nach.

Gute Nachricht Nummer 1:
Mit jedem neuen Trick, den Sie erlernen, können Sie wieder „abheben“. Um den Jonglierrausch immer wieder zu erleben, dosieren Sie die Droge einfach höher. Sie brauchen mehr davon, und Sie brauchen es vielleicht immer öfter. So ist das eben mit Rauschmitteln!

Gute Nachricht Nummer 2:
Tricks, die Sie wirklich beherrschen, brauchen Sie kaum mehr zu üben. Jongliermuster, die Sie erlernt haben, können Sie ein für allemal! Indem Sie weiterlernen, erhalten Sie nicht nur Ihre Geschicklichkeit, Ihre Schnelligkeit und Ihr Koordinationsvermögen, Sie trainieren diese Fähigkeiten ständig weiter. Alte Tricks jonglieren Sie gelegentlich zwischendurch zur Entspannung, und Sie können sich nun neuen Zielen zuwenden.

Also: Machen Sie weiter – es lohnt sich!

5. Balljonglage im Seminar

5.1 Die Dreiball-Kaskade als Metapher zum Anfassen

Ich wünsche mir eine Seele zu haben,
die ebenso beschwingt und edel ist
wie die Körper der Clowns und Akrobaten.
– Jean Cocteau

Während Sie jonglieren lernen und üben, werden Sie sicher viele Möglichkeiten entdecken, die Jonglage als Modell und als lebendige Metapher zu nutzen. Hier ein paar Beispiele, wie ich die Dreiball-Kaskade in Seminaren zu den Themen Kommunikation, Persönlichkeitsentwicklung oder Präsentationstechnik einsetze:

a) In vielen Trainings geht es darum, sehr komplexe Fähigkeiten zu vermitteln. „Wie soll ich das nur alles zugleich beachten, alles auf einmal anwenden?", mag sich mancher Seminarteilnehmer fragen. Die Bälle können jeweils eine einzelne Fähigkeit symbolisieren, hier z.B. die Grundlagen erfolgreicher Kommunikation:

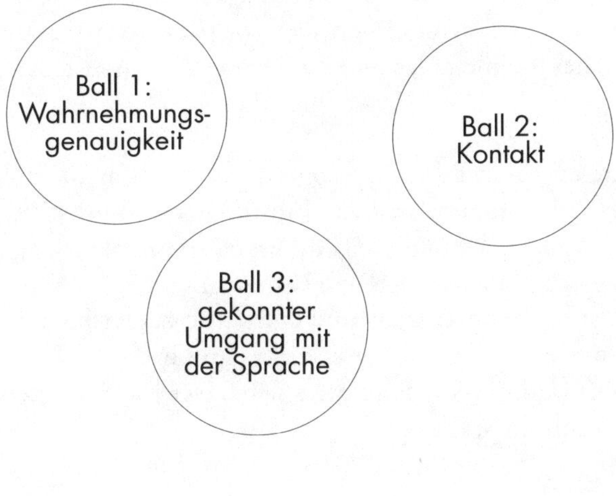

Während es am Anfang meist nötig ist, sich auf einen einzelnen „Ball“ zu konzentrieren, wird es schon bald möglich, einen zweiten dazuzunehmen. Schließlich bleiben auch drei Bälle mühelos, fast ohne bewußtes Zutun in der Luft. (Zum Jonglieren als Modell für Lernprozesse siehe auch Kapitel 8: *Multiplex und ganzheitliches Lernen*)

b) Ihre Jonglierschüler werden immer wieder überrascht sein:
Eine Übung, die beim besten Willen nicht klappen wollte, scheint nach einer längeren Pause ganz einfach zu sein. Alles läuft wie von selbst! Offensichtlich lernt und arbeitet das Gehirn für uns weiter, während wir uns ausruhen oder etwas ganz anderes tun. Als Trainer oder Dozent kennen Sie den Wert der Integrationszeit. Im Jongliertraining aber ist dieser Mechanismus so ausgeprägt, daß Sie ihn Ihren Trainees auf höchst eindrucksvolle Weise vermitteln können.

c) Die Anwendung der „Feuerwerk-Strategie“ und der „Rhythmus-Jonglierstrategie“ macht deutlich, wie das, was in unserer inneren Welt vorgeht, Lerntempo und Lernergebnisse beeinflußt.

d) Der auf die Fixpunkte der Kaskade gerichtete Blick steht für zielorientiertes Denken und Handeln: Die Bälle werden die Tendenz zeigen, genau dorthin zu fliegen, wohin wir unsere Aufmerksamkeit lenken.

e) Die Fähigkeit loslassen zu können – eine Erfolgsstrategie??? Es ist eine Erfahrung, an der niemand vorbeikommt, der sich mit der Jonglage befaßt: Die grundlegendste Voraussetzung dafür, erfolgreich jonglieren zu können ist, die Bälle im richtigen Moment loszulassen. Könnte es vielleicht sein, daß es auch im Hinblick auf andere Ziele sinnvoller, erfolgreicher und zudem wesentlich angenehmer wäre, sie gelassen und unverkrampft zu verfolgen? Komme ich vielleicht mit einem Lächeln leichter und schneller ans Ziel als mit zusammengebissenen Zähnen?

f) Die verbreitete – weil bewährte – Einstellung der Jongleure, daß Fallenlassen ein Zeichen von Fortschritt sei, symbolisiert den positiven, konstruktiven Umgang mit Fehlern. Erfolgreiches Jonglierenlernen setzt immer die innere Erlaubnis zum Fehlermachen voraus.

g) Wenn ich Leute bitte, ein Bild, ein Symbol, eine Metapher für Flexibilität zu finden, bekomme ich sehr oft zur Antwort „Ein Jongleur“. In der Tat scheint mir das Jonglieren eine sehr eindrucksvolle, weil körperlich erfahrbare Metapher für Flexibilität und viele andere erstrebenswerte Fähigkeiten zu sein:

- ➜ Der Jongleur ist hochkonzentriert und entspannt zugleich.
- ➜ Der Jongleur hat auf spielerische Weise alles im Griff.
- ➜ Die Schwerkraft ist das, was nach unten zieht. Der Jongleur meistert die Schwerkraft, indem er mit ihr spielt.

5.2 Die Kaskade lehren

Wenn Sie Jonglierübungen in Seminaren einsetzen, planen Sie am besten mehrere, über den Tag verteilte aktive Pausen von zehn bis fünfzehn Minuten ein. Die meisten Menschen lernen so am schnellsten und leichtesten, und Sie haben den größtmöglichen Effekt im Hinblick auf Lernerfolg und gute Stimmung im gesamten Seminar. So aufgeräumt, fröhlich und aufnahmebereit kommen die Teilnehmer aus keiner Kaffeepause zurück. Das heißt: Kaffeepausen sind gut, Jonglierpausen sind besser!

Daß häufige, kurze Trainingseinheiten wesentlich effizienter sind als selten und dafür lange zu üben, entspricht den Erkenntnissen der Lernpsychologie. Dies ist natürlich nichts Neues für Sie. Auf dem Gebiet der Jonglage zeigt sich aber wieder einmal deutlich, daß lernende Menschen sehr unterschiedliche Bedürfnisse haben. So manch einer wird sehr schnell und heftig vom Jonglierfieber erfaßt und möchte am liebsten immer weitermachen.

In meinen Trainings löse ich das Problem so, daß ich kurze, gemeinsame Übungseinheiten anbiete, aber die ganze Zeit über Requisiten zur Verfügung stelle. So kann in allen größeren oder kleineren Pausen nach Lust und Laune jongliert werden.

Meiner Erfahrung nach ist es sehr hilfreich, die Hitliste der inneren Einwände bezüglich des Jonglierenlernens zu kennen und von vornherein entsprechende Umdeutungen anzubieten. Diese streue ich immer und immer wieder in die Übungen ein, so daß sie wirklich verankert werden können.

Die meisten Menschen versuchen bewußt oder unbewußt Fehler zu vermeiden. Die Grundannahme der Jonglage, daß Fallenlassen ein Zeichen von Fortschritt sei, ist letztlich eine Umkehrung der sehr verbreiteten „Ich-darf-keinen-Fehler-machen“-Einstellung. Auch die zweite Grundregel des Jonglierens, daß Werfen wichtiger sei als Fangen, hilft, übertriebene und meist blockierende Perfektionsansprüche zu entmachten. Ist der Mut zum Fehler erst einmal als Wert etabliert, können auch Hemmungen, die durch Ideen wie „Ich bin eben ungeschickt“ entstehen, abgebaut werden.

Umdeutungen wie: „Es gibt kein Bücken, es gibt nur Gymnastik!“ oder „Sie haben zwei linke Hände? Großartig, die linke Hand ist beim Jonglieren ohnehin das Wichtigste!“, nehmen die Seminarteilnehmer natürlich nicht ernst. Vielleicht wirken sie gerade deshalb. Mit einem Augenzwinkern angeboten, werden sie meist gerne und mit einem Lachen akzeptiert. Und Lachen ist ein Wundermittel für fast alles, finde ich. Es soll Leute geben, die blockierende Einstellungen einfach weggelacht haben ...

Ermutigen Sie Ihre Jonglierschüler immer wieder, bei sich und ihrer Jonglage zu bleiben, statt sich mit anderen zu vergleichen. Vergleiche kosten Kraft, können Blockaden auslösen und bergen die Gefahr in sich, die eigenen Stärken, ureigenste Talente und Möglichkeiten zu übersehen. Dies ist meine Lieblingsgeschichte zu diesem Thema:

Zwei junge Mädchen gehen spazieren und kommen zu einem Teich. Auf einem Seerosenblatt sitzt ein kleiner grüner Frosch. „Küß mich!", quakt der Frosch das eine der beiden Mädchen an, „ich bin ein verwunschener Millionär!" Die junge Dame hebt den Frosch vorsichtig hoch und setzt ihn in ihre Tasche. „Warum tust du das?", fragt die andere verblüfft. „Küß ihn doch, er ist ein verwunschener Millionär!" Darauf das erste Mädchen: „Millionäre gibt es tausende, aber sprechende Frösche ..."

Noch ein paar Worte zum Faktor Zeit: In den meisten Jonglierbüchern wird nicht erwähnt, daß es sehr lange dauern kann, bestimmte Tricks zu erlernen. Vielleicht ist es so, daß die Verfasser Sorge haben, sie könnten die Lernenden dadurch entmutigen. Vor allem aber wendet sich die herkömmliche Jonglierliteratur überwiegend an Jugendliche, die oft schnell der Jongliersucht verfallen und kaum motiviert werden müssen. Sie werden eher dranbleiben, um einen Trick zu lernen, auch wenn dies viel Zeit in Anspruch nimmt. In jedem Fall werden Jonglierbücher für Leser geschrieben, die von vornherein Begeisterung für dieses phantastische Hobby mitbringen. In unseren Seminaren sind wir in der Regel in einer völlig anderen Situation. Die Menschen sind zu einem Kommunikations-, Verkaufs-, Teamtraining oder einer beruflichen Fortbildung gekommen, nicht um jonglieren zu lernen. Das Neue, Ungewöhnliche an den Jonglierübungen kann Neugier und Begeisterung auslösen, aber auch Angst machen: Angst vor Versagen, Angst vor Gesichtsverlust.

Sehr entlastend kann es sein, von Anfang an die Einstellung zu etablieren: Es spielt keine Rolle, wie lange jemand braucht. Viel wichtiger ist es, das Spiel mit den bunten Bällen zu genießen und Spaß zu haben!

Ein kluger Lehrer einer Artistenschule sagte einmal zu einer Schülerin: „Du kannst den Körper nicht zwingen – aber irgendwann lernt er alles!" Gelassenheit, Vertrauen zum eigenen Körper, auch zum Gehirn, das hier ja auf eine völlig neue Art arbeiten muß, sind bestimmt die beste Einstellung, um erfolgreich und mit viel Freude jonglieren zu lernen. Und mit Spaß und Vertrauen lernt sich sicher auch alles andere leichter!

So können Sie Ihre Schüler bezüglich der Jongliertechnik besonders gut unterstützen:

➜ Achten Sie darauf, daß der Blick entspannt zwischen den beiden Fixpunkten hin- und herwandert. Verkrampftes Nach-oben-Starren ist genau so wenig hilfreich wie nach unten auf die Hände zu schauen.

→ Das „Abdrehen innerer Kommentare“ mag am Anfang schwierig erscheinen. Ermutigen Sie die Lernenden, es einfach immer wieder zu tun und lenken Sie die Aufmerksamkeit immer wieder auf den Rhythmus.

→ Erinnern Sie Ihre Teilnehmer immer wieder daran, sich auf saubere Würfe zu konzentrieren und darauf zu vertrauen, daß das Fangen ein Reflex ist, der sich von selbst einstellt.

→ Gegen das Hochreißen der Hände wider besseres Wissen hilft folgende Übung: Bitten Sie die betreffende Person, die Bälle zur Seite zu legen und tief und ruhig in den Bauch zu atmen. Die Schultern sind entspannt. Nun wird nur in der Vorstellung der Ball gefangen. Dabei ist es einfach, wahrzunehmen, wieviel Muskelspannung dafür wirklich nötig ist.

→ Wenn die Bälle „nach vorne weglaufen“, kann es hilfreich sein, eine Zeitlang vor einer Wand zu üben.

→ Manchmal kommt es vor, daß jemand immer wieder nach derselben Anzahl von Würfen dropt, als sei er oder sie darauf programmiert. Hier kann Abhilfe geschaffen werden, indem man mit der schwachen Hand beginnt. Das „Programm“ wird auf diese Weise unterbrochen.

→ Selbst für ernsthafte Rückenprobleme gibt es eine Lösung. Leider ist diese in Seminaren oft schwer zu realisieren. Eine ganze Reihe von Tricks kann auch erlernt werden, indem man über einem Bett oder Sofa jongliert. Auf diese Weise müssen die Bälle nicht vom Boden aufgehoben werden.

Die Freude an der Kunst des Jonglierens läßt sich nicht erzwingen. Allerdings werden sich Ihre Begeisterung und Ihr Spaß an der Sache auf Ihre Jonglierschüler übertragen. Sie wissen es ja bereits: Der Jongliervirus ist außerordentlich ansteckend!

6. Dreiballvariationen

Was nimmt eigentlich ein Seminarteilnehmer, der die Dreiball-Kaskade erlernt hat, mit nach Hause? Er oder sie hat sicher eine Menge Spaß gehabt, hat vielleicht sogar eine persönliche Grenze überschritten und viel über sich selbst erfahren. Jede einzelne dieser Erfahrungen kann auf andere Zusammenhänge übertragen und in Beruf und Alltag genutzt werden. Und er/sie hat mal wieder gespielt. Zusammengenommen ist das ein recht großer Effekt für einen kleinen und dabei äußerst vergnüglichen Aufwand!

An dieser Stelle finde ich es in meinen Seminaren sehr wichtig, daß die Teilnehmer wissen, wie sie weitermachen können. Viele frischgebackene Dreiball-Jongleure denken nicht daran, daß der Jonglier-Flow abnehmen könnte, oder auch daß die wirklich spektakulären Wirkungen des Jonglierens, z.B. drastische Verbesserungen der Sehfähigkeit, regelmäßiges Training über einen längeren Zeitraum voraussetzen.

Vielleicht haben Sie ja Spaß daran, einige Dreiballtricks zu erlernen und sie Ihren Teilnehmern zu zeigen? In kurzen Seminaren wird sich dies auf eine kleine Vorführung beschränken müssen. Dazu können auch Handouts mit Trickbeschreibungen ausgegeben werden.

Welcher Trick als schwierig oder einfach empfunden wird, ist individuell recht unterschiedlich. Ich habe in diesem Kapitel einige Dreiball-Muster nach folgenden Gesichtspunkten zusammengestellt:

→ Tricks, die besonders geeignet sind, im Anschluß an die Kaskade erlernt zu werden, zum Beispiel: Säulen, Überhandwürfe – speziell der Halbshower – und der Wurf unter dem Knie.

→ Tricks, die Sie jenen Seminarteilnehmern anbieten können, die bereits eine Kaskade beherrschen, ohne daß Sie zweigleisig unterrichten müssen. Das sind vor allem die Außenkaskade und der Kniewurf. Während die Anfänger die Kaskade erlernen, können die Fortgeschrittenen alle Teilschritte mitmachen, indem sie überhand werfen oder unter dem Knie hindurch.

→ Besonders effektvolle bzw. effektive Tricks mit etwas mehr Übungsaufwand, der sich aber lohnt. Das sind: die Mühle, der Rückenwurf, der Shower, Jonglieren mit überkreuzten Händen und Stops.

Sie brauchen sich beim Lernen an keine bestimmte Reihenfolge zu halten. Am besten entscheiden Sie, was Sie als nächstes lernen wollen, indem Sie überprüfen, ob Sie sich den jeweiligen Trick irgendwie vorstellen können und ob er Ihnen attraktiv erscheint. Es spricht nichts dagegen, zwei bis drei neue Tricks parallel zu üben, im Gegenteil: Abwechslung erhöht den Lerneffekt!

Um die Verständigung zu erleichtern, gehe ich in den Beschreibungen davon aus, daß Sie drei verschiedenfarbige Bälle besitzen. In einigen Tricks wird der „rote Ball" – der natürlich jede beliebige Farbe haben kann - eine besondere Rolle spielen. Viel Spaß beim Ausprobieren und Üben!

6.1 Three Four Two (3 4 2)

Nehmen Sie Ihren Partner in den Arm. Also, eine Hand pro Person muß schon frei bleiben! Dies ist ein Jonglierbuch!

Stellen Sie sich nebeneinander auf und fassen Sie einander um die Taille. Die Person, deren rechte Hand frei ist, bekommt zwei Bälle, die andere einen. Jonglieren Sie eine Kaskade zu zweit.

Musikvorschlag: „Tea For Two" (Cha-Cha-Version paßt wirklich gut!)

Dieser Trick ist eine gute Möglichkeit, Teilnehmern, die besonders schnell lernen, etwas Neues anzubieten. Während der größte Teil der Gruppe noch die Kaskade übt, gehen die „Cracks" zur Partnerjonglage über.

3 4 2 eignet sich auch sehr gut als Kontakt-Übung und – wenn nötig – zur Überwindung von Berührungsängsten.

6.2 Säulen

Säulen sind beliebt, speziell bei Anfängern. Sie sind relativ leicht zu erlernen und sehr effektvoll. Dazu erlauben sie einige clowneske Variationen, die ganz besonderen Spaß machen und die Zuschauer zum Staunen und zum Lachen bringen.

Die rechte Hand hält zwei Bälle. Einer davon ist der rote. Legen Sie den andersfarbigen Ball auf die Fingerspitzen, er ist die Nummer 1. Der rote Ball bekommt die Nummer 3 und liegt im Nest der rechten Hand. Ball Nummer 2 kommt in die linke Hand.

Werfen Sie nun Ball 1 eher mittig gerade hoch. Wenn er oben ist, werfen Sie Ball 2 und Ball 3 zugleich und ganz parallel. Der rote Ball bekommt die äußere Flugbahn.

Beachten Sie bitte: Die Bälle wechseln weder die Hand, noch die Flugbahn. Einfache Säulen sind sozusagen eine Zweiballjonglage in der rechten Hand mit „Begleitung".

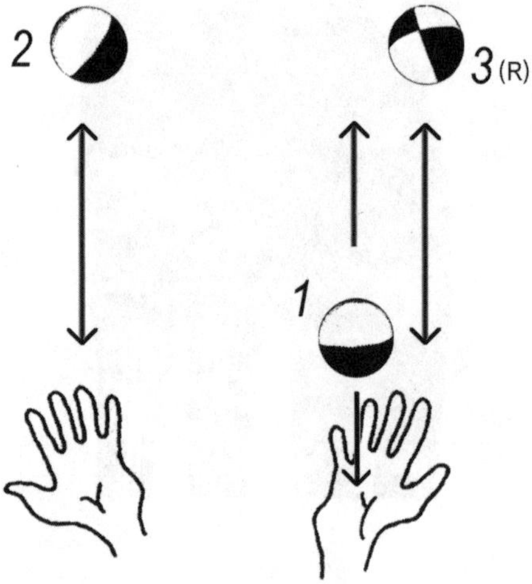

Konzentrieren Sie sich auf den roten Ball. Er ist es, der die Begleitung von links bekommt.

6.3 Der Mitläufer

Darf's ein wenig komisch sein? Gut, jonglieren Sie wirkungsvollen Bluff! Der Mitläufer unterscheidet sich von den einfachen Säulen nur dadurch, daß der Ball aus links nun nicht mehr geworfen und gefangen wird. Vielmehr bewegen Sie die linke Hand mitsamt dem festgehaltenen Ball parallel zum roten auf und ab.

Übrigens: Ein hochkonzentriert-eifriger Gesichtsausdruck mit weit aufgerissenen Kulleraugen erhöht die Wirkung dieses Tricks ungemein!

6.4 Jojo

Noch ein Stück verrückter sieht es aus, wenn Sie Jojo jonglieren. Diesmal bewegen Sie die linke Hand mit dem Ball nicht neben, sondern ein Stück über dem mittleren Ball auf und ab.

Die beiden Bälle in der rechten Hand müssen Sie nun natürlich entsprechend niedrig jonglieren.

Diesen Trick sollten Sie besonders gründlich üben, bevor Sie ihn vor Publikum zeigen. Wenn der Abstand zwischen dem getragenen Ball und dem mittleren Ball genau gleichbleibt, sieht es aus, als würde dieser an einem unsichtbaren Faden hängen.

Verstärken Sie die Wirkung auch diesmal mimisch. Wie wäre es mit einem erstaunt-fragenden Ausdruck im Gesicht?

Mitläufer und Jojo eignen sich hervorragend zum Vorführen und illustrieren die Täuschung unserer Wahrnehmung auf anschauliche Weise.

6.5 Überhandwürfe

Im Gegensatz zur Wurfrichtung der Kaskade, die von rechts nach links außen geht und umgekehrt, werfen wir bei Überhandwürfen von außen nach innen. Daraus ergeben sich viele Variationsmöglichkeiten.

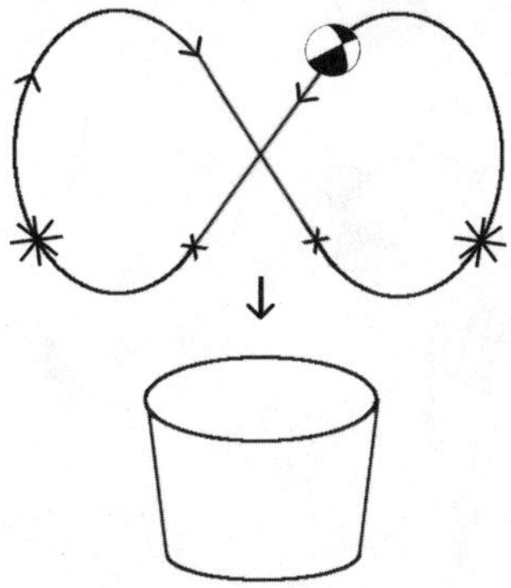

Üben Sie mit einem Ball. Sie fangen nun eher vor der Körpermitte an dem mit x gekennzeichneten Punkt.

Zum Abwerfen bewegen Sie die Hand mit dem Ball nach außen zu *.

Mir hat am Anfang die Vorstellung geholfen, die Bälle in einen imaginären Eimer vor meinem Bauch zu werfen.

6.6 Der Halbshower

Jonglieren Sie eine Kaskade und werfen Sie zunächst einmal einen Ball aus der rechten Hand mit einem Überhandwurf von rechts außen nach links über das Muster hinweg.

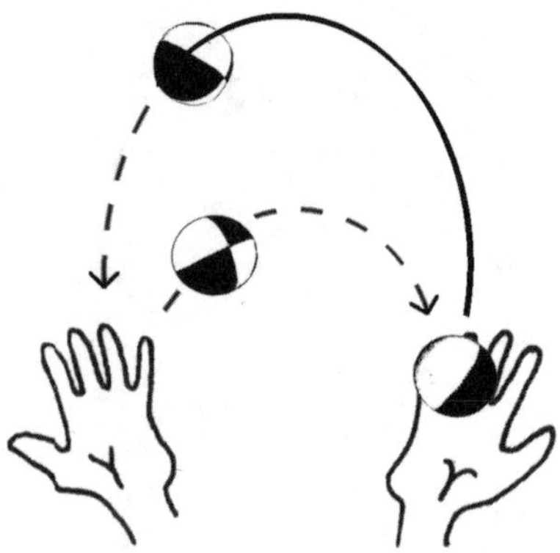

Sobald das Gehirn gelernt hat, aus dem X-en heraus auf den Überhandwurf umzuschalten, werfen Sie alle Bälle aus rechts in Überhandwürfen über das Muster, während die linke Hand bei der gewohnten X-Linie bleibt. Das ist zum Glück einfacher als es klingt. Sie müssen sich nur Zeit geben zu lernen, die inzwischen gut trainierte Gewohnheit des X-ens nun auch einmal unterbrechen zu können.

6.7 Tennis

Wenn Sie den roten Ball nun abwechselnd mit der rechten und der linken Hand in einem Bogen über das Muster werfen, sieht es aus, als flöge ein Tennisball über einem Netz hin und her.

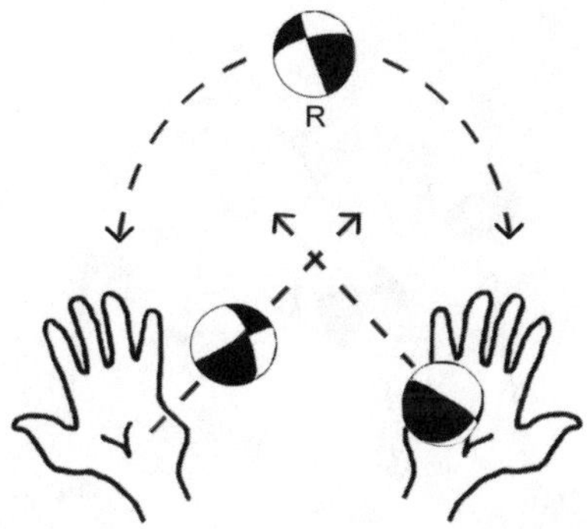

Achtung: Der rote Ball und nur dieser hat seine eigene Flugbahn. Er geht mit Überhandwürfen von rechts nach links, von dort wieder nach rechts usw. Die beiden anderen Bälle X-en.

Geben Sie dem roten Ball die Nummer 1 und zählen Sie einen Walzertakt:
1 – 2 – 3, 1 – 2 – 3 ... Betonen Sie die Eins.

6.8 Die Außenkaskade

Die Außenkaskade wird auch Rückwärtskaskade genannt. Sie werfen nun jeden Ball überhand, allerdings nicht mehr in einem großen Bogen zur anderen Hand wie bei Halbshower und Tennis. Die Flugbahn entspricht nun wieder genau der Vorübung mit einem Ball. Sie fangen vor der Körpermitte und tragen den Ball vor dem Abwurf etwas nach außen.

Üben Sie die Außenkaskade hoch und niedrig, eng und breit.

Die Außenkaskade können Sie gut parallel zur Dreiball-Kaskade unterrichten. Sie entspricht dieser in den Lernschritten ganz genau.

6.9 Die Mühle

Kinesiologische Übungen sind wirksam und beliebt. Dieser und der nächste Trick sind so etwas wie „Jonglier-Kinesiologie".

Beginnen wir mit einem einfachen Unterarmwurf. Jonglieren Sie eine Kaskade und werfen Sie einen Ball aus rechts, nicht wie gewohnt im Kaskadenmuster, sondern tragen Sie ihn mit der rechten Hand unter dem linken Unterarm hindurch und werfen nun überhand von außen nach innen ins Muster zurück. Üben Sie dasselbe mit der linken Hand.

Als nächsten Schritt werfen Sie den roten Ball abwechselnd links und rechts unter dem Arm durch. Es entsteht ein Dreiertakt mit der Betonung auf Eins: 1 – 2 – 3, 1 – 2 – 3, ...

Sie jonglieren die Mühle, wenn Sie jeden Ball unter dem gegenüberliegenden Arm hervorwerfen. Achten Sie auf saubere Überhandwürfe von außen nach innen.

6.10 Jonglieren mit überkreuzten Händen

Diese Übung ist am Anfang wahrscheinlich sehr verwirrend.

Überkreuzen Sie die Hände und bleiben Sie so. Jonglieren Sie in dieser Haltung eine saubere Außenkaskade.

Für diesen Trick müssen Sie schon einige Übungszeit investieren. Dafür ist er wirklich sehr eindrucksvoll! Ich finde es übrigens wesentlich leichter, aus der Kaskade heraus zu beginnen, als gleich mit überkreuzten Armen anzufangen. Jonglieren Sie eine Kaskade, tragen Sie dann einen Ball mit rechts unter dem linken Arm durch wie bei der „Mühle“. Diesmal lösen Sie allerdings die überkreuzte Armhaltung nicht auf, sondern behalten Sie bei und gehen zugleich zur Außenkaskade über.

Alle Würfe mit Überkreuzen der Hände sind besonders wirksames Brain-Jogging.

6.11 Der Kniewurf

Für Kniewürfe müssen Sie die Knie richtig hochnehmen, damit später die Kaskade gut im Fluß bleiben kann. Nehmen Sie einen Beanbag in die rechte Hand und werfen Sie unter dem rechten Knie den Ball nach oben. Die linke fängt, wirft unter dem linken Knie hindurch usw.

Nun jonglieren Sie eine Kaskade und werfen einen Ball mit der rechten Hand unter dem rechten Knie nach oben. Üben Sie dasselbe mit der linken Hand.

Sobald Sie sich sicher fühlen, werfen Sie jeden dritten Ball unter dem Knie, d.h. immer den roten. Nun entsteht ein rhythmisches Muster: Rechtes Knie – 2 – 3 – linkes Knie – 2 – 3 usw.

Beginnen Sie jetzt, den roten Ball jeweils unter dem anderen Knie durchzuwerfen, also: rechte Hand – linkes Knie und umgekehrt. So sieht der Trick nicht nur eleganter aus, er hat durch die zusätzliche Überkreuzbewegung auch mehr „Flow-Potential".

Knie- und Schulterwürfe sind eine spannende Herausforderung für fortgeschrittene Jongleure in Ihrer Gruppe.

6.12 Der Wurf über die Schulter

Für den Schulterwurf brauchen Sie etwas mehr Geduld – aber es lohnt sich, sie aufzubringen. Üben Sie gründlich mit einem Ball!

Sie werfen mit der rechten Hand über die linke Schulter, fangen mit der linken Hand und umgekehrt. Machen Sie nun alle Zwischenschritte, die Sie aus der vorigen Übung schon kennen, bis Sie im Fluß der Kaskade den roten Ball immer abwechselnd über die linke und die rechte Schulter werfen können.

Körperwürfe verstärken das Gefühl des Jonglier-Flows und bringen Schwung in die Jonglage.

Machen Sie sich einmal bewußt, welche geniale Arbeit jetzt Augen und Gehirn leisten! Sie fokussieren immer nur auf den roten Ball. Die beiden anderen haben Sie im peripheren Blick, und auch das nicht immer: Sie können jetzt bemerken, daß Sie diese völlig „blind" fangen. Das Gehirn berechnet die Flugbahn und bringt die Hand automatisch an die Stelle, an der gefangen wird (nicht immer, aber immer öfter). Achten Sie auch einmal darauf, wie entspannt Ihre Augen sich nach der Übung anfühlen.

6.13 Fingerstop

Nutzen Sie den Überraschungseffekt von Stops, wenn Sie etwas vorführen wollen. Der Fingerstop sieht toll aus und eignet sich auch als eleganter, überraschender Abschluß für schnelle Tricks.

Werfen Sie einen Ball aus links in einem sanften Bogen nach rechts. Fangen Sie diesen auf den zu einem V gespreizten Zeige- und Mittelfinger der rechten Hand, Handrücken nach oben. Die Hand muß gut nachgeben, um den Aufprall abzufangen, die Spannung der Finger muß aber erhalten bleiben.

Üben Sie nun auch das Fangen auf dem „V“, während Sie in derselben Hand einen anderen Ball festhalten und schließlich aus der Kaskade heraus.

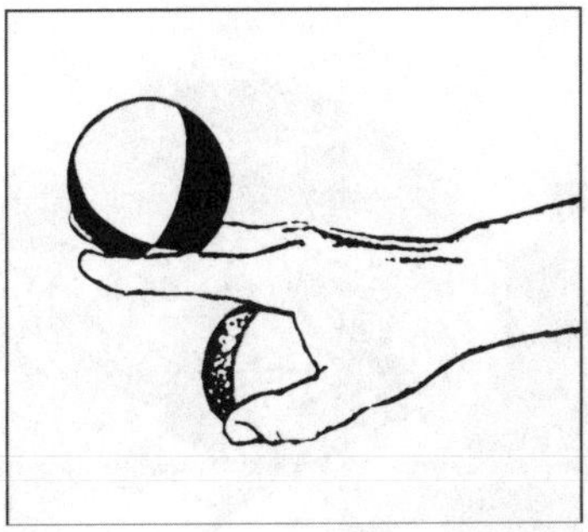

Wenn Sie wieder zur Kaskade übergehen möchten, werfen Sie beide Bälle zugleich mit einem sanften Schwung nach oben. Sie fliegen leicht auseinander und Sie können den dritten Ball dazwischenwerfen.

6.14 Nackenstop

Dieser Trick ist etwas übungsaufwendiger, aber ideal für kleine Vorführungen und ein echter „Applausjäger". Üben Sie anfangs mit sehr weichen Beanbags, Jongliersäckchen oder Koosh-Bällen.

Aus der Kaskade werfen Sie einen Ball aus rechts in einem sanften Bogen mittig leicht nach hinten. Sehen Sie ihm nach, solange es möglich ist. Bücken Sie sich schnell und fangen Sie ihn im Nacken. Sie müssen dabei den Kopf gut hochnehmen. Die Schulterblätter nehmen Sie zurück. Sobald der Ball auftrifft, federn Sie im Oberkörper etwas nach, sonst springt er weg. Ihre Hände haben inzwischen die beiden anderen Bälle gefangen. Machen Sie sich keine Gedanken darüber, wann sie das tun – ich habe selbst keine Ahnung! – es geht automatisch.

Wenn der Ball im Nacken gelandet ist, verharren Sie etwas in dieser Pose und nehmen Sie den tosenden Applaus in Empfang. Wenn Sie möchten, können Sie so die Reaktion auf verankerte körpersprachliche Signale demonstrieren. Die Zuschauer applaudieren nämlich (auch), weil Sie mit dem Oberkörper nach vorne gehen, sich also verbeugen.

6.15 Shower

Beim Shower bewegen sich die Bälle im Kreis: Lernen Sie die Bewegung zuerst mit zwei Bällen. Werfen Sie den Ball, den Sie rechts halten, hoch. Übergeben Sie den Ball aus der linken Hand nach rechts, werfen Sie wieder mit rechts und so weiter. Das heißt, Sie tun nun genau das, was beim Erlernen der Kaskade streng verboten war.

Halten Sie nun zwei Bälle in der rechten, der Wurfhand und werfen Sie diese nacheinander in einem Bogen nach links. Sobald die rechte Hand frei ist, übergeben Sie den Ball von links nach rechts. Die linke Hand fängt und übergibt, die rechte wirft immer weiter. So dreht sich das Muster im Kreis.

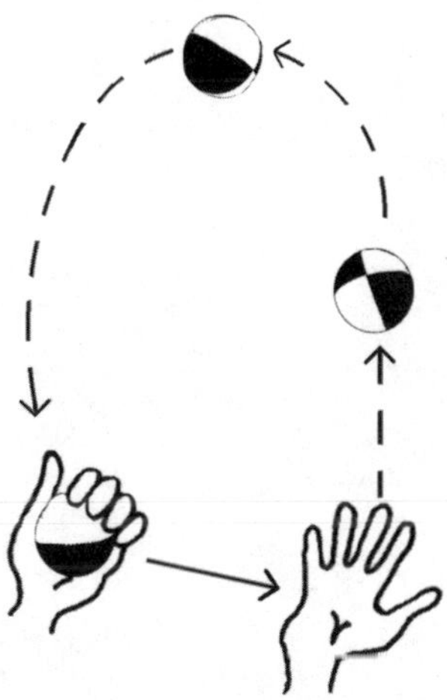

Der Shower mit der starken Hand als Wurfhand trainiert die dominante Hemisphäre. Er wird daher ganz besonders ungeschulten Linkshändern empfohlen. Die Stärkung der ursprünglich dominanten Hemisphäre kann eventuelle durch das Umtrainieren aufgetretene Probleme mildern oder sogar rückgängig machen. In diesem Fall wählen Sie als Wurfhand die linke und üben immer nur in dieser Richtung.

7. Vierballjonglage

Unsere Grenzen befinden sich in erster Linie in unserem Kopf. Für manchen Hobby-Jongleur ist dies die magische Zahl Drei. Viele Menschen können sich noch irgendwie vorstellen, das Jonglieren mit drei Bällen erlernen zu können, aber vier – niemals!

Falls Sie Seminarteilnehmer in der Gruppe haben, die bereits eine fließende Kaskade sowie zwei Bälle in einer Hand jonglieren können, läßt sich anhand der Vierballjonglage gut zeigen, daß es gar nicht so schwierig ist, eben diese Grenzen zu überschreiten.

Die Fontäne ist das Grundmuster der Vierballjonglage. Sie ist letzten Endes nur eine Weiterführung des Jonglierens von zwei Bällen in einer Hand. Wenn Sie das wissen, werden Sie verstehen, warum der Schritt von drei zu vier Bällen gar nicht so groß ist.

7.1 Die Fontäne

Vorübung 1
Üben Sie noch einmal gründlich das Jonglieren von zwei Bällen, vor allem mit der schwachen Hand.

Vorübung 2
Jonglieren Sie das Muster „Zwei in einer Hand" links und rechts zugleich. Werfen Sie die Bälle paarweise ab und möglichst genau gleich hoch. Sie wechseln die Hände nicht.

Zählen Sie beim Werfen: 1-2-3-4, 1-2-3-4

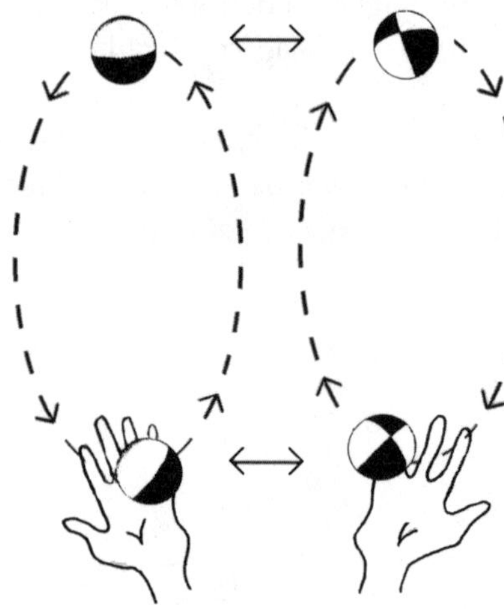

Sie brauchen das parallele Jonglieren nicht endlos lange zu üben oder es gar perfekt zu beherrschen, um zur eigentlichen Fontäne überzugehen. Einige Jongleure finden es sogar einfacher, gleich mit dem versetzten Jonglieren zu beginnen.

Der Rhythmus der Fontäne

Sie werfen genauso wie beim vorigen, dem parallelen Muster, aber diesmal rhythmisch versetzt.

Zählen Sie 1+2+3+4+ usw. Die rechte Hand wirft auf Zahl, die linke auf „und".

Achtung: Die Bälle wechseln die Hand nicht! Es ist zwar möglich, auch vier Bälle überkreuz zu jonglieren, aber nicht günstig. Es erschwert später das Erlernen der Fünfball-Kaskade.

Sobald Sie den Trick einigermaßen im Griff haben, sollten Sie gezielt üben, ihn in sauberen Außenkreisen zu jonglieren. So plätschert die Fontäne am schönsten!

8. Multiplex und ganzheitliches Lernen

Multiplex ist eine spezielle Art des Jonglierens. Sie beruht darauf, daß zwei oder mehr Bälle auseinandergeworfen werden. Die Multiplex-Technik macht es auch einem Anfänger bald möglich, fünf Bälle zu jonglieren.

Für Trainer und Seminarleiter ist sie interessant, weil sie besonders tiefen Einblick in Lernprozesse vermittelt. Multiplex illustriert sehr eindrucksvoll die rechtshirnigen Formen des Lernens wie z.B. Accelerated Learning, Suggestopädie, PhotoReading und andere.

8.1 Dreiball-Multiplex

Nehmen Sie den roten und einen zweiten Ball in die rechte Hand. Der rote Ball liegt auf den Fingerspitzen, der andere im Nest.

Werfen Sie beide Bälle zugleich hoch, so daß der rote etwas höher und schräg nach links fliegt. Die linke Hand fängt den roten Ball, der andere fällt in die rechte Hand zurück.

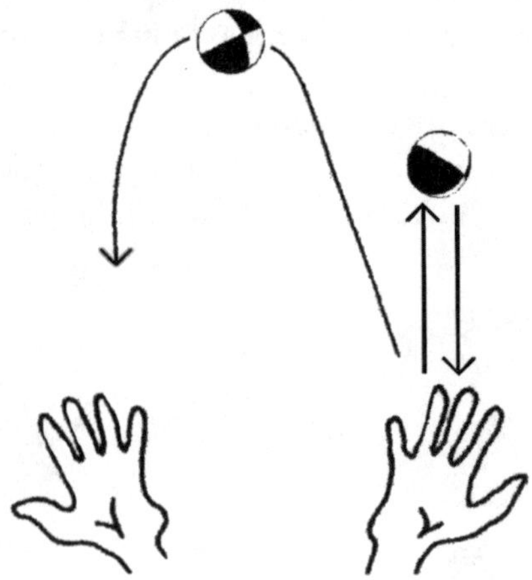

Üben Sie denselben Wurf mit der linken Hand.

Nehmen Sie nun wieder zwei Bälle in die rechte Hand und den dritten in die linke. Werfen Sie die zwei Bälle aus rechts auseinander und sobald sie oben sind, den Ball aus links zwischen beiden hindurch. Sie enden wieder mit zwei Bällen rechts und einem links, wobei der rote Ball mit dem aus der linken Hand den Platz getauscht hat. Üben Sie den Wurf mit beiden Händen in beide Richtungen.

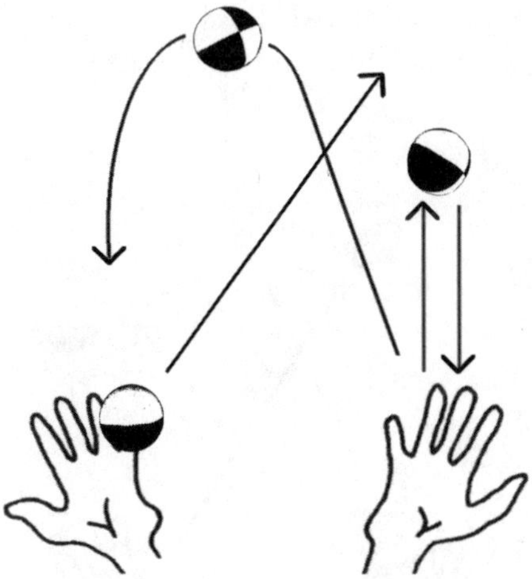

Mit einem Zwischenwurf können Sie nun die Multiplex-Würfe aus links und rechts verbinden:

Werfen Sie zwei Bälle aus rechts auseinander.
Werfen Sie den Ball aus links zwischen den beiden hindurch.
Werfen Sie den Ball, der gleich wieder in die rechte Hand zurückfällt, sofort nach links.

Sie haben nun zwei Bälle in der linken Hand und einen in der rechten. Es entsteht eine ganz kleine Pause. Nun beginnen Sie mit links.

8.2. Vierball-Multiplex

Nehmen Sie Ball Nr. 4 dazu.

Übrigens: Sie erleichtern sich die Sache, wenn Sie weiche Beanbags verwenden.

Halten Sie zwei Beanbags rechts und zwei links. Werfen Sie die beiden Beanbags aus rechts auseinander und wenn sie oben sind, die beiden aus links.

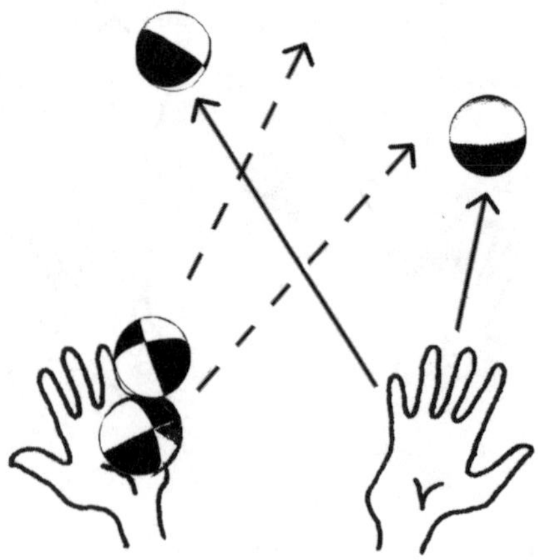

Jetzt schalten Sie bitte Ihr Gehirn ab – nicht das ganze, nur die linke Hemisphäre. Ab sofort wird nicht mehr gedacht, nur gemacht. Versuchen Sie nicht zu verstehen. Folgen Sie einfach Schritt für Schritt der Anleitung.

Werfen Sie im Rhythmus: rechts auseinander – links auseinander – Pause, rechts auseinander – links auseinander – Pause usw.

Pause bedeutet: Sie halten wieder zwei Bälle in der rechten, zwei in der linken Hand. Welcher Ball wohin fliegt – kümmern Sie sich nicht darum. Sie fangen die richtigen automatisch (nicht sofort, aber bald!). Jedesmal beginnt die rechte Hand: re – li – Pause, re – li – Pause ... Nun beginnen Sie mit der linken Hand: li – re – Pause usw.

8.3 Fortlaufender Multiplex mit fünf Bällen

Nehmen Sie Ball 5 dazu. Multiplex mit fünf Bällen entspricht in der Wurftechnik genau dem mit vier Bällen. Es passiert nicht viel Neues. Wir bringen nur auf geheimnisvolle Weise die Pause zum Verschwinden.

Sie halten drei Beanbags in der rechten Hand, zwei in der linken. Der Ball, der auf dem Mittelfinger der rechten Hand liegt, bekommt die Nummer 1:

➜ Werfen Sie Ball 1 zum linken Kaskaden-Fixpunkt.
➜ Wenn er oben ist, werfen Sie die beiden Beanbags aus links auseinander
➜ und sofort, wenn diese oben sind, die beiden aus rechts.
➜ Wenn die oben sind, die beiden aus links ...

Sie können jetzt immer weitermachen. Der Anfang sieht so aus:

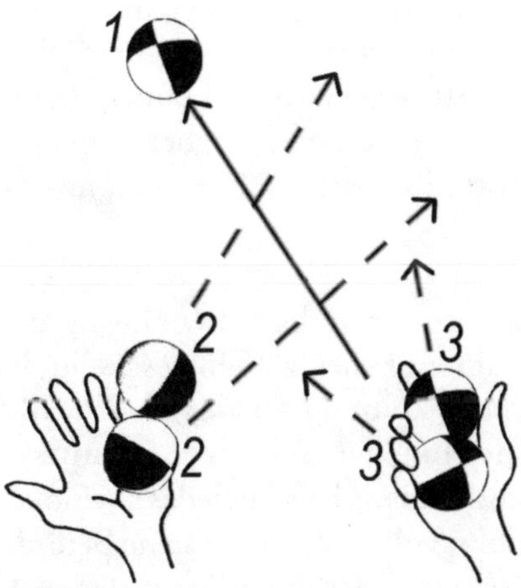

Sie jonglieren im Muster der Dreiball-Kaskade. Mit Ausnahme des ersten Balles werfen Sie immer ein Ballpaar nach dem anderen ab: Ein Ball aus rechts, dann das Paar aus links, das Paar aus rechts usw. Fragen Sie mich bitte nicht, welcher Ball wohin fliegt oder wo eigentlich der fünfte Ball bleibt: Ich habe keine Ahnung!

Der Trick funktioniert, auch wenn Sie ihn nicht verstehen. Sie lernen ihn um so leichter, je weniger Sie versuchen, ihn zu verstehen.

8.4 Multiplex als Modell

Vergleichen wir den Lernprozeß der Dreiball-Kaskade mit dem Erlernen des Fünfball-Multiplex, stellen wir fest, daß wir es nicht nur mit zwei unterschiedlichen Jongliertechniken zu tun haben, sondern auch mit zwei unterschiedlichen Wegen des Lernens: den traditionellen Lernweg und den des „Beschleunigten Lernens“.

Mit Beschleunigtem Lernen meine ich hier alle Methoden, die sich die besonderen Potentiale der nicht-dominanten Hemisphäre zunutze machen. Traditionelles Lernen bedeutet, daß wir zuerst Informationen bekommen, die wir umsetzen, sobald wir sie verstanden haben. Wir durchlaufen dabei vier Stadien.

Beobachten wir als Modell für den herkömmlichen Weg des Lernens einmal eine Dame namens Lustig-Binsofrei bei ihrer Begegnung mit der Kunst, eine Kaskade zu jonglieren.

Frau Lustig-Binsofrei hat mehrmals in ihrem Leben Jongleure gesehen. Sie hat Darbietungen dieser Art immer sehr hübsch gefunden, das Zuschauen genossen, sich jedoch weiter keine Gedanken darüber gemacht. Sie weiß nichts über das Jonglieren. Sie weiß nicht, was sie tun müßte, was genau sie können müßte, um zu jonglieren. Sie weiß nicht einmal, daß es ihr möglich wäre, jonglieren zu lernen. Sie weiß nicht, was sie alles nicht weiß. Frau Lustig-Binsofrei befindet sich im Stadium der unbewußten Inkompetenz.

In besagter unbewußter Inkompetenz verharrt Frau Lustig-Binsofrei, ohne daß ihr irgend etwas Wesentliches in ihrem Leben zu fehlen scheint, bis eines Tages ihr Sohn Max von der Schule nach Hause kommt und ihr stolz eine Kaskade vorführt. Max ist seit einiger Zeit Mitglied der Jonglier-AG seines Gymnasiums. „Toll!“, sagt Frau Lustig-Binsofrei. „Wie machst du das? Laß mich das auch mal probieren!“ Max überreicht ihr die Bälle und beginnt, voller Stolz über seine Beförderung zum Jongliertrainer, einen fachlich fundierten und außerordentlich ausführlichen Vortrag über Wurfbahnen, Fixpunkte, Regeln des Jonglierens und die Berufsethik des Jongleurs zu halten. Die Mutter will ihren begeisterten Sohn weder unterbrechen, noch eingestehen, daß sie eigentlich nur „Bahnhof“ versteht. Im Zustand höchster Verwirrung beginnt Frau Lustig-Binsofrei die Bälle in alle Richtungen zu werfen. Nach einigen, diesmal präziseren Erklärungen versteht Frau Lustig-Binsofrei, was sie tun soll. Während sie Max zusieht, begreift sie, wie eine Kaskade funktioniert. Beim nächsten Versuch fliegen die Bälle unkontrolliert nach vorne, andere scheinen an ihren Händen festzukleben. „Gar nicht so einfach!“, stellt sie fest. Frau Lustig-Binsofrei hat bezüglich des Jonglierens sozusagen ihre Unschuld verloren. Sie ist im Stadium der bewußten Inkompetenz angekommen.

„Das wäre doch gelacht!", denkt sie. Frau Lustig-Binsofrei ist nämlich eine äußerst resolute und tatkräftige Dame. Immer wieder holt sie die Jonglierbälle hervor und probiert weiter. Sie sieht vollkommen ein, daß es in manchen Fällen außerordentlich sinnvoll sein kann, nach der Pfeife des eigenen Sohnes zu tanzen und versucht, sich genau an die Anweisungen von Max zu halten. Auf die Fixpunkte soll sie schauen. Die Wurfbahnen soll sie kontrollieren. Zum richtigen Zeitpunkt soll sie abwerfen ... Mit der Zeit gelingen mehrere Würfe und Fänge. Frau Lustig-Binsofrei schwirrt der Kopf vor Anstrengung. Das ist das Stadium der bewußten Kompetenz.

Aber so kurz vor dem Ziel will sich Frau Lustig-Binsofrei nicht lumpen lassen – schließlich hat sie ihrem Sohn, der das Ganze mit eifriger Strenge überwacht, oft genug erklärt, wie wichtig Ausdauer und Geduld im Leben seien! Der Lohn für ihre Mühen läßt nun auch nicht mehr allzu lange auf sich warten: Frau Lustig-Binsofrei strengt sich nicht mehr an. Sie braucht nicht mehr darüber nachzudenken, was sie wann tun muß. Das Jonglieren der Kaskade ist in ihre unbewußte Kompetenz übergegangen. Frau Lustig-Binsofrei jongliert im Flow.

Beim Jonglieren tritt der Flow-State zeitgleich mit dem Übergang zur unbewußten Kompetenz ein, ist mit dieser aber nicht identisch. Von unbewußter Kompetenz sprechen wir, wenn etwas, was wir tun, zur Routine oder Gewohnheit geworden ist. Deshalb sind wir noch lange nicht im hellwach-meditativen Zustand des Flow! Beim Jonglieren tritt dieser, wie wir gesehen haben, ja dadurch auf, daß wir beide Gehirnhälften abwechselnd rhythmisch „stimulieren", ständig die Mittellinie überkreuzen und die linke Hemisphäre von Anfang an überlasten, so daß die rechte oft sehr früh und plötzlich eingreift. Dazu kommt, daß uns diese Aktivität zur totalen Hingabe zwingt.

Stadien des Lernens

Der oben beschriebene traditionelle Lernweg ist der Weg von der linken zur rechten Hemisphäre. Er führt vom Nicht-Wissen über das analytische Denken, das bewußte Erfassen und eine Phase höchster Konzentration zum unbewußten Können. Er ist für viele Dinge, die wir lernen wollen, außerordentlich nützlich.

Viele Menschen glauben allerdings immer noch, dies sei die einzige Möglichkeit zu lernen. Sie denken, daß sie nur lernen können, was sie zuvor verstanden haben und daß sie nur das wirklich beherrschen, was ihrem Bewußtsein jederzeit zugänglich ist. Das ist erfahrungsgemäß sogar in Seminaren der Fall, die ausdrücklich fortschrittliche Lernmethoden zum Inhalt haben.

Multiplex kann ein eindrucksvolles Modell einer anderen Art des Lernens sein, die bei den besonderen Fähigkeiten des rechten Gehirns ansetzt. Daß es möglich ist, ohne den Umweg über die bewußte Kompetenz sofort zum Stadium der unbewußten Kompetenz zu gelangen, wird durch Multiplex-Übungen im wahrsten Sinne des Wortes begreifbar.

Auch das bloße Vorführen einer Multiplexjonglage eignet sich hervorragend als Einstiegsmetapher für Seminare, die Neues Lernen beinhalten.

Vielleicht liegt es an meinem immer noch erstaunten Gesichtsausdruck, wenn ich Multiplex jongliere – meine Seminarteilnehmer jedenfalls glauben mir aufs Wort, wenn ich ihnen sage, daß ich keine Ahnung habe, was ich tue! Dazu erzähle ich die nachfolgende Geschichte: Herr Sorglos-Fröhlich ist gerade dabei, das Multiplex-Muster mit fünf Bällen zu lernen. Er tut dies anhand einer schriftlichen Jonglieranleitung. Es kümmert ihn nicht weiter, daß er die Beschreibung des Tricks nicht versteht. Er jongliert einfach: ein Ball aus rechts, ein Paar aus links, ein Paar aus rechts ... Er hebt die Bälle immer wieder auf und nach einiger Zeit läuft das Muster. Herr Sorglos-Fröhlich jongliert auf der Ebene der unbewußten Kompetenz.

Nicht nur Multiplex, Jonglieren überhaupt bringt unseren analytischen Verstand sehr schnell an seine Grenzen. Je anspruchsvoller und komplexer ein Jongliermuster ist, desto schneller ist diese Grenze erreicht. Nach meiner Beobachtung reicht die Konzentration, die bewußte Aufmerksamkeit für etwa drei Würfe und Fänge. Das heißt, daß es den meisten Menschen gar nicht gelingen wird, einen ganzen Durchgang der Fünfball-Kaskade unter der Kontrolle des Bewußtseins zu jonglieren.

Je trainierter ein Jongleur ist, desto schneller geht ein Trick in die unbewußte Kompetenz über, da die rechte Hemisphäre gelernt hat, die Regie zu übernehmen. Wenn Sie häufig jonglieren, werden Sie bemerken, daß Sie neue Tricks immer öfter sofort intuitiv erfassen. Bereits beim Erlernen vieler Dreiballtricks werden Sie, ohne darüber nachzudenken, das Stadium der bewußten Kompetenz überspringen.

Im Jonglieren wird deutlich, daß die Grenze unseres Verstandes nicht zugleich die Grenze unserer Möglichkeiten ist. Jonglieren ist nur ein Weg von vielen, dies anderen Menschen zugänglich zu machen – aber in jedem Fall ein sehr vergnüglicher Weg.

9. Zugabe: Meisterhafte Balljonglage – Die Fünfball-Kaskade

Dies ist ein Trick für alle, die ernsthaft vom Jonglierfieber erfaßt wurden und gar nicht mehr anders können als immer weiterzulernen.

Sie lernen die Kaskade mit fünf Bällen wie jeden anderen Trick auch. Sie müssen nur wissen, daß Sie damit auf einem völlig anderen Level jonglieren als bisher. Das wiederum bedeutet nichts anderes, als daß Sie mehr Zeit investieren müssen. Ihre Begeisterung, Ihr Humor, die Liebe zur Jonglierkunst, Ihr Vertrauen, Ihre Geduld entscheiden, zusammen mit konstruktiven Einstellungen und einer guten Übungsstrategie darüber, ob Sie diesen Trick erlernen können und nicht Ihr Talent oder Ihr Alter. Auch nicht Ihr Terminkalender. Sie brauchen nicht stundenlang zu probieren, Sie sollten es nur ziemlich oft tun. Und daß Jonglieren eine ideale Erholungspause darstellt, wissen wir inzwischen. Wenn es ein von Begeisterung getragenes Ziel ist, auf diesem Niveau zu jonglieren, finden Sie auch die Zeit dafür. Günstig ist es allerdings, wenn Sie sich ein wenig einjonglieren, also mit einfacheren Tricks beginnen. Fünf bis zehn Minuten genügen.

Vorübung 1: Der Flash

Jonglieren Sie eine sehr niedrige, schnelle Kaskade, verlegen Sie die Fixpunkte plötzlich weit nach oben und werfen Sie die Bälle zu diesen hoch. Behalten Sie aber den Rhythmus der niedrigen Kaskade bei. Wenn Sie langsamer werden, ist das kein Flash, sondern eine hohe Kaskade.

Der Flash ist eine einmal geworfene schnelle Kaskade hoch über Ihrem Kopf. Es entsteht eine kleine Pause, die Sie nutzen können, z.B. um in die Hände zu klatschen. Fangen Sie die Bälle wieder auf und jonglieren Sie die niedrige Kaskade weiter.

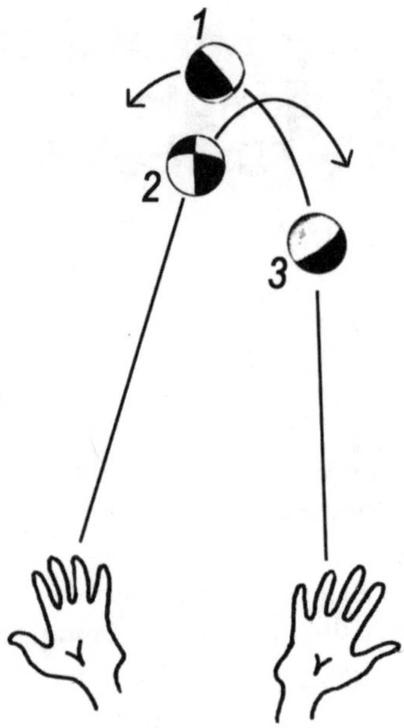

Vorübung 2: Der Spezialflash
Sie werfen einen Flash und klatschen sich links, rechts auf die Oberschenkel. Zählen Sie: 1-2-3-klatsch-klatsch oder sagen Sie: dan-ka-dang klatsch-klatsch – aber rhythmisch!

Wahrscheinlich werden Sie die Tendenz haben, mit der linken Hand zu früh auf den linken Oberschenkel zu klatschen. Der „Klatsch" mit links kommt erst nach dem Abwerfen des dritten Balles aus rechts an die Reihe.

Keine Musik bei dieser Übung! Sprechen Sie laut und rhythmisch:

1 2 3		4 5
dan-ka-dang	–	klatsch-klatsch
Flash		Oberschenkel

Vorübung 3

Diese Übung können Sie mit dem Spezial-Flash abwechseln.

Noch immer keine Musik. Sie müssen genau hinhören. Jetzt ist ein harter Boden Gold wert, der den Aufprall der Bälle hörbar macht.

Nehmen Sie drei Bälle in die rechte, zwei in die linke Hand.

Die Fixpunkte, die Flugbahn und der Rhythmus entsprechen dem Flash von vorhin. Schauen Sie auf die Fixpunkte. Werfen Sie: re-li-re-li-re und lassen Sie alle Bälle auf den Boden fallen. Wenn Sie es richtig gemacht haben, liegen nun drei Beanbags links und zwei rechts von Ihnen.

Üben Sie weiter, bis Sie ein sauberes tok-tok-tok-tok-tok hören.

Vorübung 4

Halten Sie ab sofort die Bälle immer so, daß der rote Ball auf dem Mittelfinger der rechten Hand liegt, der blaue auf dem Mittelfinger der linken Hand, der gelbe zwischen Daumen und Zeigefinger der rechten Hand, die Bälle „X“ und „Y“ kommen ins „Nest“. Sie werfen nun also:

1 –	2 –	3 –	4 –	5
rot	blau	gelb	X	Y

Sagen Sie beim Werfen: rot-blau-gelb-vier-fünf.

Sobald der Rhythmus stabil ist, können Sie den roten Ball mit der linken Hand fangen. Versuchen Sie ihn gleich wieder loszuwerden und zwar in Richtung rechter Fixpunkt.

Zwei Bälle müssen nun links von Ihnen gelandet sein, zwei rechts, und der rote fällt vom rechten Fixpunkt aus nun auch rechts von Ihnen zu Boden.

Gehen Sie nicht zu schnell weiter. Üben Sie zwischendurch andere Tricks, vor allem unseren Spezial-Flash, den Sie nun zur Abwechslung gelegentlich auch mit der linken Hand beginnen können.

Der nächste Schritt ist, daß Sie zuerst den roten Ball mit links fangen und sofort zum rechten Fixpunkt werfen und dann den blauen mit rechts, den Sie zum linken Fixpunkt werfen.

Für manche Jonglierschüler ist es hilfreich, diese Methode auch noch auf den dritten, den gelben Ball anzuwenden. Anderen wieder wird es hier schon zu kopflastig. Am besten probieren Sie diese Herangehensweise aus, um festzustellen, ob sie Ihnen entgegenkommt. Wenn Sie noch eine Weile aus der bewußten Kompetenz heraus üben wollen, bedeutet das: Sie fangen rot-blau-gelb, um jeden Ball sofort in das Flash-Muster zu werfen, „X" und „Y" lassen Sie fallen.

Übergang zum fortlaufenden Jonglieren

Irgendwann bleibt nichts anderes übrig als mutig draufloszujonglieren. Damit dies nicht zur „Trial And Horror"-Methode ausartet, sollten Sie nun wieder Ihre ganze Aufmerksamkeit auf sauberes Werfen, die Fixpunkte und das X-en lenken.

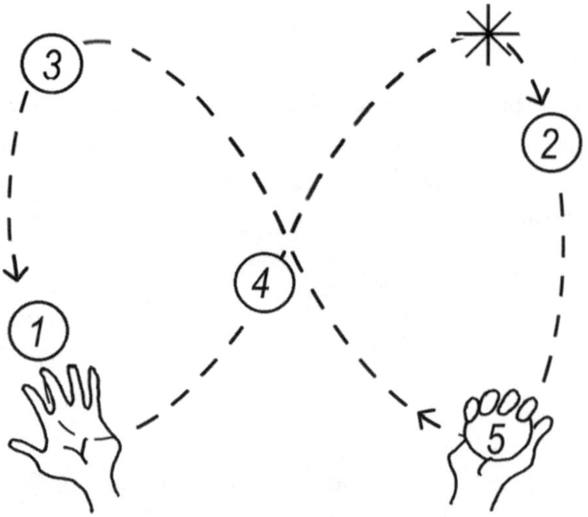

Die Abbildung zeigt die Flugbahn der Bälle im Kaskadenmuster. In Wirklichkeit werfen Sie – speziell am Anfang – wesentlich höher! Der rechte Fixpunkt ist wieder durch * gekennzeichnet. Auf der Zeichnung befindet sich Ball 3 gerade am linken Fixpunkt.

Sobald Sie ein gutes Gefühl für den Rhythmus haben, kann Sie ein sorgfältig ausgewähltes Musikstück wieder sehr unterstützen. Wenn Sie nach längerer Zeit der Übung vier bis fünf Bälle fangen und wieder abwerfen können, ist das schon sehr gut! Ganz allmählich steigert sich die Anzahl der Würfe und Fänge. Wahrscheinlich haben Sie immer wieder das Gefühl, bei einer bestimmten durchschnittlichen Zahl von Würfen stehenzubleiben. Nicht tage-, sondern wochenlang scheint nichts weiterzugehen. Nicht aufgeben – das ist normal und gehört einfach dazu!

Die Fünfball-Kaskade ist so etwas wie der Ritterschlag für Hobby-Jongleure. Nach einer Jonglier-Convention schrieb ein sehr junger Mann an ein Mädchen, das offensichtlich mit einem anderen jonglierenden Knaben auf- und davongegangen war: „Was hat er, was ich nicht habe – etwa den fünften Ball?"

10. Finale

Wir sind am Ende unserer kleinen Reise in die Welt der Artistik angelangt. Herzlichen Dank dafür, daß Sie mich begleitet haben!

Ich hoffe, Sie hatten Spaß und haben sich gut unterhalten, denn meine Aufgabe ist es, Menschen zu unterhalten. Ich schließe mich in dieser Hinsicht Walt Disney an, der einmal über seine Arbeit sagte: „Ich ziehe es vor, Leute mit Spaß zu unterhalten, in der Hoffnung, daß sie lernen, statt ihnen etwas beibringen zu wollen, in der Hoffnung, daß es ihnen Spaß macht."

Meine Hoffnung ist es, daß Sie Spaß daran gefunden haben zu jonglieren und ich würde mich freuen, wenn die Tips und Tricks dieses Buches Sie angeregt hätten, den Zauber der tanzenden Bälle in Ihre Seminare und Weiterbildungsveranstaltungen zu bringen.

Lehrer und Trainer, die Kinderkurse und -projekte im artistischen Bereich leiten, haben den Begriff „Faszinationspädagogik" geprägt. Vielleicht ist es nötig, daß wir Erwachsene wieder ein Stück weit Kind werden, um jene Faszination zuzulassen, die Lernen zu einem Abenteuer macht und mit tiefem inneren Erleben verbindet.

„Werden Sie Kind, werden Sie Clown ...!" begrüßt der große Weißclown Francesco Caroli Tag für Tag das Publikum im Circus Roncalli und als Gäste dieser bunten, glitzernden Zauberwelt folgen die Menschen gerne seiner Einladung. Vielleicht haben Sie ja spielend und jonglierend den Clown in sich entdeckt, den „Joculator", den Spaßmacher und Gaukler?

Als Trainer, Lehrer, Dozent ein Gaukler zu sein, bedeutet für mich, mit spielerischer Leichtigkeit Freude zu vermitteln und Lachen und Lernen zu einer Einheit zu verschmelzen. Und es bedeutet, die Weisheit des Jongleurs zu leben und weiterzugeben: Ein Jongleur ist jemand, der loslassen kann und doch alles im Griff hat. Er ist der, der gelernt hat, über sich zu lachen, für den Fehler Fortschritt bedeuten, der Flexibilität in hohem Maße besitzt, der Lebensfreude, Begeisterung und Leichtigkeit ausstrahlt, der mit dem Strom des Lebens im Fluß ist, der es fertigbringt, in Balance zu sein und dabei immer noch loslassen zu können und alles im Griff zu haben. Der Jongleur ist der Weise, der sich nicht von der Schwerkraft nach unten ziehen läßt, weil er es liebt, mit ihr zu spielen.

Wohin Ihr Weg auch gehen mag, ich wünsche Ihnen viel Freude bei Ihrer Arbeit und Erfolg in Ihrem Beruf. Vor allem wünsche ich Ihnen viel Freude und Spaß am Jonglieren. Möge Ihre Seele mit den Bällen tanzen und zu jeder Zeit ebenso beschwingt und edel sein wie die Körper der Clowns und Akrobaten.

Danksagung

In erster Linie möchte ich meinem Mann Albrecht danken, der nicht nur das durch unberechenbare Flugobjekte (kurz: UFOs) hervorgerufene Gepolter in der Wohnung tapfer erträgt, sondern darüber hinaus einen guten Teil zu dem recht ansehnlichen UFO-Bestand beigetragen hat. Er dürfte wohl unter allen Nicht-Jongleuren der absolute Rekordhalter im Einkauf von Jonglierrequisiten sein. Ich danke Albrecht vor allem auch für das Erstellen der Bilder. Ohne seine Mitarbeit wäre dieses Buch nie entstanden.

Meinem Sohn Christopher danke ich für das Mitjonglieren bei „3 4 2" und dafür, daß er mit dafür gesorgt hat, daß die Familie nicht aufgrund meiner Anfälle von Schreibrausch verhungern mußte.

Ein ganz großes Dankeschön an Ingeborg Herkel dafür, daß sie es nicht nur fertigbrachte, das kreativ-chaotische Manuskript in eine lesbare Form zu bringen, sondern darüber hinaus immer wieder zu nachtschlafender Zeit bereit war, mit Herz und Verstand mit mir das Geschriebene zu diskutieren.

In liebevoller Dankbarkeit gedenke ich des väterlichen Freundes meiner Kindertage, des Circushistorikers, Schriftstellers und Clowns Heino Seitler, der mich lehrte, daß Träume und Begeisterung die besten Wegweiser für das Leben sind.

Meine Dankbarkeit gilt allen Menschen im Circus, denen ich begegnen durfte. Von ihnen habe ich einiges über Artistik und sehr viel über das Leben gelernt.

Ein ganz besonderer Dank meinem Lehrer, Trainer und Freund Roman Braun für alles, was ich von ihm lernen durfte. Vor allem aber danke ich Roman für seinen Satz: „Lernen ist eine viel zu wichtige Sache, um sie ernst zu nehmen!", der zum Leitsatz und Motto für dieses Buch wurde.

Anmerkungen / Literatur

1 Karl-Heinz Ziethen: *Die Kunst der Jonglerie.* Henschel. Ost-Berlin 1988

2 Wolfgang Schebeczek: „Die jonglierenden Mädchen der Südsee." In: *Kaskade, Europäische Jonglierzeitschrift* Nr. 51/52 Hrsg.: Gabi und Paul Keast, Schönbergstr. 92, 65199 Wiesbaden

3 Gabi Keast: „Dai Kagu Ra. Der Gott des Spaßes." In: *Kaskade* Nr. 36 (siehe Anm. 2)

4 Prof. Dr. Ernst J. Kiphard: „Jonglieren kann heilen." In: *Kaskade* Nr. 26 (siehe Anm. 2)

5 Paul R. Scheele: *PhotoReading. Die neue Hochgeschwindigkeits-Lesemethode in der Praxis.* Junfermann, Paderborn 1995

6 Laurel Parnell: *EMDR. Der Weg aus dem Trauma. Über die Heilung von Traumata und emotionalen Verletzungen.* Junfermann, Paderborn 1999

7 Marilee Zdenek: *Die Entdeckung des rechten Gehirns – der kreative Prozeß – das persönliche Programm zur Befreiung der schöpferischen Kräfte.* Synchron, Berlin 1988

8 Alan Lightman in *Science* 1982, zitiert nach Marilee Zdenek (siehe Anm. 7)

9 Mihaly Csikszentmihalyi: *Das flow-Erlebnis. Jenseits von Angst und Langeweile: im Tun aufgehen.* Klett-Cotta, Stuttgart [7]1999

10 Kim da Silva, Do-Ri Rydl: *Kinesiologie. Das Wissen um die Bewegungsabläufe in unserem Körper.* Knaur, München 1993

11 Harald Braem: *Brainfloating. Im Entspannungszustand spielerisch Ideen finden.* mvg, München 1989

Sachwortregister

A

Accelerated Learning 77
Angst 52
Armhaltung, überkreuzte 66
Atmung 15
Augengymnastik 17
Augenmuskeln 17
Außenkaskade 64
Außenkreis 46
Ballonbälle 35

B, C

Bauchatmung 39
Beanbags 35
Begleitmusik 44
Berührungsängste 57
Blick, weicher 18
Blockaden 52
Brain-Jogging 66
Contact Juggling 11
Conventions 12
corpus callosum 22

D

Dai Kagu Ra 12
Devil Stick 11
Diabolo 11
Dopamin 27
Dreiball-Kaskade 37
Dreiball-Multiplex 78f
Drei-Tücher-Jonglage 32
Drop 44

E

Einstellungen, blockierende 51
EMDR 20
Endorphin 27
Entspannung, konzentrierte 33
Erleben, autotelisches 25

F

Fallenlassen 42
Fangen 33
Farben 35
Feuerwerk-Strategie 43
Fingerstop 69
Fixpunkte 40
Flash 88
Flexibilität 13
Flow 24ff
Flow-Erlebnisse 26
Flow-Zustand 27
Flugbahn 37, 90
fokussieren 18
Fontäne 74f
Fortschritt 42
Fünfball-Kaskade 87

G, H

Gehirnjogging 9
Gehirntraining 23
Geschicklichkeit 47
Gespensterhaltung 29
Hemisphäre, linke 22
Hemisphäre, rechte 22
Heureka-Erlebnisse 27

I

Inkompetenz, bewußte 83
Inkompetenz, unbewußte 82
Innenkreis 46
Integrationszeit 50
Intelligenz, emotionale 23

J

Joculator 11
Jojo 60
Jonglierbälle 35
Jonglierboom 9

Jonglieren, fortlaufendes 90
Jonglieren, paralleles 74
Jonglieren, therapeutisches 14
Jongliereuphorie 10
Jonglierfieber 10
Jonglier-Flow 43, 68

K
Kaskade 29, 42
Kinesiologie 26
Kniewürfe 67
Kompetenz, bewußte 83
Kompetenz, unbewußte 83
Kontaktübung 57
Konzentrationsvermögen 13
Koordinationsvermögen 47
Kreativität 13
Kreativitätstraining 26
Kreislauf 15

L
Lachen 51
Lernen, beschleunigtes 82
Lernen, ganzheitliches 23, 77
Lernen, traditionelles 82
Linkshänder, ungeschulte 71
Loslassen 50

M, N
Meditation 9
Mentaltraining 43
Mitläufer 59
Mühle 65
Multiplex 77
Multiplex, fortlaufender 81
Muskelspannung 37
Nackenstop 70

P, R
Perfektionsansprüche 51
Persönlichkeiten, autotelische 25
PhotoReading 77
Physiologie 15
Psychomotorik 14
Rastelli, E. 12
Rhythmus 16, 30f
Rhythmus-Jonglierstrategie 45
Rückwärtskaskade 64

S
Säulen 58
Schnelligkeit 47
Schulterwurf 68
Schwerkraft 50
Sehen, peripheres 19
Sehprobleme 19
Sehtraining 18, 20
Shower 71
Signale, körpersprachliche 70
Spaß 55
Standard-Jongliermuster 10
Stop 69
Streß 14
Suggestopädie 77
Synchronbewegungen 38f

T
Talente 52
Tätigkeit, selbstbelohnende 24f
Tempo 34
Tennis 63
Three Four Two 57
Trainingseinheiten 51
Transzendieren der Individualität 24
Traumatherapie 21
Trick 29, 55
Tücherjonglage 34

U, V
Überhandwürfe 61f
Überraschungseffekte 69
Übungen, kinesiologische 19
Umgang mit Fehlern, konstruktiver 13
Unterarmwurf 65
Variationen, clowneske 58
Verfolgungsübungen 17
Vierballjonglage 73
Vorführungen 70

W-Z
Wahrnehmung, Täuschung der 60
Wohlfühl-Physiologie 16
Würfe 33
Wurfhöhe 44
Wurftechnik 42
X-en 31
Zeit 52